I0154716

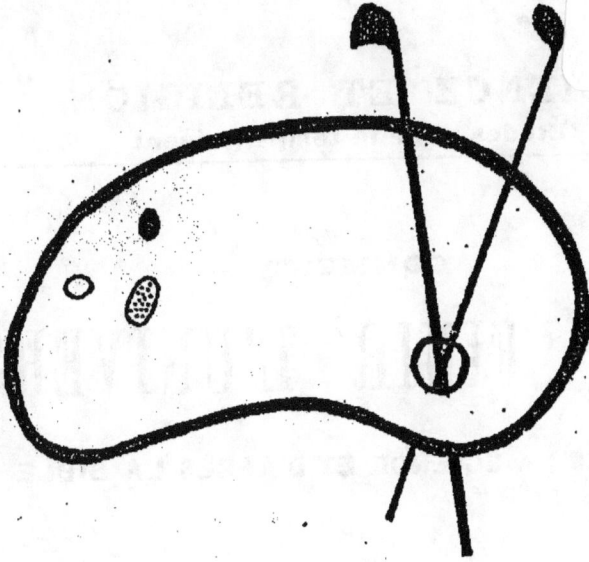

DEBUT D'UNE SERIE DE DOCUMENTS
EN COULEUR

8° R
AL946.
592

SCIENCE ET RELIGION
Études pour le temps présent

COMMENT

PEUT FINIR L'UNIVERS

D'APRÈS LA SCIENCE ET D'AFRÈS LA BIBLE

PAR

C. de KIRWAN

Membre associé de l'Académie delphinale, Correspondant de
l'Académie de Besançon.

PARIS
LIBRAIRIE BLOUD ET BARRAL
4, RUE MADAME ET RUE DE RENNES, 59

1899

Tous droits réservés

SCIENCE ET RELIGION

Etudes pour le temps présent. — Prix 0 fr. 60 le vol.

~~~~~~~~~~

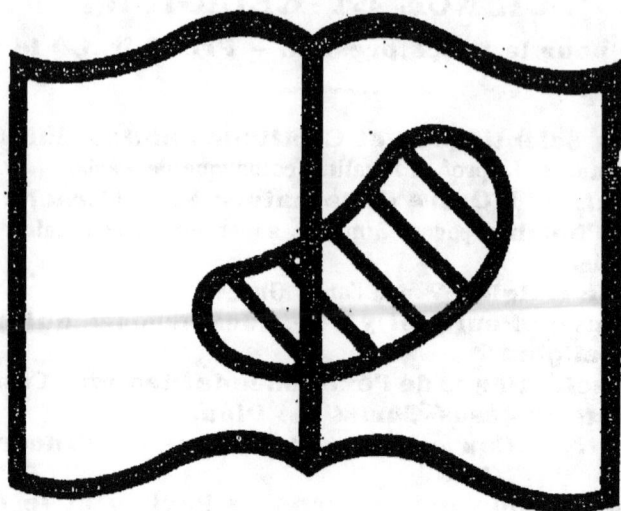

Illisibilité partielle

— L'Apologétique historique au XIX° siècle. — La Critique rreligieuse de Renan, etc. par l'abbé Ch. DENIS.   1 vol.
— Nature et Histoire de la liberté de conscience, p. l'abbé CANET. 1 vol.
— L'Animal raisonnable et l'Animal tout court, par C. DE IRWAN.   1 vol.
— La Conception catholique de l'Enfer, par l'abbé BRÉMOND,   1 vol.
— L'Attitude du catholique devant la Science, p. G. FONSEGRIVE, 1 vol.
— Du même auteur : Le Catholicisme et la Religion de l'Esprit. 1 vol.
— Du Doute à la Foi, par le R. P. TOURNEBIZE, S. J.   1 vol.
— Du même auteur : Opinions du jour sur les peines d'outre-tombe.   1 vol.
— La Synagogue moderne, sa doctrine et son culte, par A. F. SAUBIN. 1 vol.
— Du même auteur : Le Talmud et la Synagogue moderne.   1 vol.
— Evolution et Immutabilité de la doctrine religieuse dans l'Eglise, par M. PRUNIER, supérieur de grand séminaire.   1 vol.
— La Religion spirite, son dogme, sa morale et ses pratiques, par l. BERTRAND.   1 vol.
— Du même auteur : L'Occultisme ancien et moderne.   1 vol.
— L'Hypnotisme franc et l'Hypnotisme vrai, par le Dr HÉLOT. 1 vol.
— L'Eglise et le Travail manuel, par l'abbé SABATIER.   1 vol.
— Unité de l'espèce humaine, prouvée par la similarité des conceptions et des créations de l'homme, par le marquis de NADAILLAC.   1 vol.
— Du même auteur : L'Homme et le Singe.   2 vol.
— Le Socialisme contemporain et la Propriété, p. M. G. ARDANT 1 vol.
— Pourquoi le Roman à la mode est-il immoral et pourquoi le Roman moral n'est-il pas à la mode ? par G. d'AZAMBUJA.   1 vol.
— Comment se sont formés les Evangiles, par le P. TH. CALMES, professeur au grand séminaire de Rouen.   1 vol.

Viennent de paraître :

— L'Impôt et les Théologiens. Etude philosophique, morale et économique, par le comte de VORGES, ancien ministre plénipotentiaire, membre de l'académie de Saint-Thomas, etc., etc.   1 vol.
— Du même auteur : Les Ressorts de la Volonté et le libre arbitre.   1 vol.
— Nécessité mathématique de l'Existence de Dieu. Explications — Opinions — Démonstration, par René de CLÉRÉ.   1 vol.
— Saint Thomas et la Question juive, par Simon DEPLOIGE, professeur l'Université Catholique de Louvain.   1 vol.
— Premiers principes de Sociologie Catholique, par l'abbé AUDET.   1 vol.
— La Patrie. — Aperçu philosophique et historique, par J. M. VILLEFRANCE.   1 vol.
— Le Déluge de Noé et les races Prédiluviennes, par C. de IRWAN.   2 vol.
— La Saint-Barthélemy, par Henri HELLO.   1 vol.

— **L'Esprit et la Chair.** *Philosophie des macérations*, par Henri LASSERRE, auteur de *Notre-Dame de Lourdes*, etc., etc. **1 vol.**

— **Le Problème Apologétique,** par l'abbé C. MANO, docteur en philosophie. **1 vol.**

— **Le Levier d'Archimède ou la Mécanique céleste et le Céleste Mécanicien,** par le R. P. ORTOLAN. **2 vol.**

— **Ce que le Christianisme a fait pour la femme,** p. G. d'AZAMBUJA. **1 vol.**

— **L'Hypnotisme et la Stigmatisation,** par le D' IMBERT-GOURBEYRE. **1 vol.**

— **L'Éducation chrétienne de la Démocratie,** *essai d'apologétique sociale*, par Ch. CALIPPE. **1 vol.**

— **La Religion catholique peut-elle être une science ?** par l'abbé G. FRÉMONT. **1 vol.**

— *Du même auteur :* **Que l'Orgueil de l'Esprit est le grand écueil de la Foi,** *Théodore Jouffroy, Lamennais, Ernest Renan.* **1 vol.**

— **La Révélation devant la Raison,** par F. VERDIER, supérieur de Grand Séminaire. **1 vol.**

— **Confréries musulmanes.** — *Histoire — Discipline — Hiérarchie,* par le R. P. PETIT. **1 vol.**

— **Pratique de la Liberté de conscience dans nos Sociétés contemporaines,** par l'abbé CANET. **1 vol.**

— **Comment peut finir l'Univers,** d'après la science, p. C. DE KIRWAN **1 vol.**

— **Les Théories modernes de la Criminalité,** par le D' DELASSUS **1 vol.**

— **Faillite du Matérialisme,** par Pierre COURBET, 3 vol. *se vendant séparément :*

   I. — *Historique.* **1 vol.**

   II. — *Discussion ; l'atome et le mouvement.* **1 vol.**

   III. — *Discussion ; l'éther, le gaz, l'attraction. Conclusion.* — *Appendice.* **1 vol.**

— **Le Globe terrestre,** par A. DE LAPPARENT, Membre de l'Institut, professeur à l'École libre des Hautes Études. 3 vol. *se vendant séparément.*

   I. — *La Formation de l'écorce terrestre.* **1 vol.**

   II. — *La nature des mouvements de l'écorce terrestre.* **1 vol.**

   III. — *La Destinée de la terre ferme et la Durée des temps.* **1 vol.**

— **De la Connaissance du Beau,** *sa définition, application de cette définition aux beautés de la nature,* par l'abbé GABORIT, archiprêtre de la Cathédrale de Nantes. **1 vol.**

— **Le Diable dans l'Hypnotisme,** par le docteur Ch. HÉLOT. **1 vol.**

— **De la Prospérité comparée des nations protestantes et des nations catholiques,** *au point de vue économique — moral — social,* par le R. P. FLAMÉRION, S. J. **1 vol.**

— **L'Art et la Morale,** par le P. SERTILLANGES, dominicain, docteur en théologie. **1 vol.**

— **La Sorcellerie,** par I. BERTRAND. **1 vol.**

— **Qu'est-ce que l'Écriture sainte ?** *Les Livres inspirés dans l'antiquité chrétienne. Théorie de l'inspiration,* par le P. Th. CALMES. **1 vol.**

Impr. des Orph.-Appr. d'Auteuil, D. Fontaine, 40, rue La Fontaine, Paris.

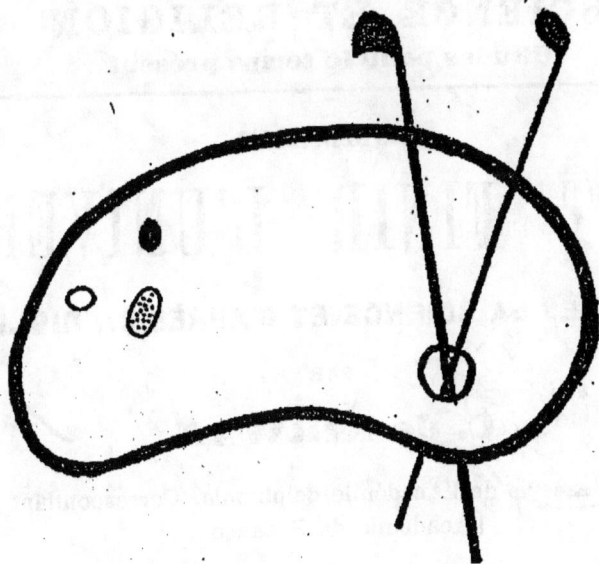

FIN D'UNE SERIE DE DOCUMENTS
EN COULEUR

SCIENCE ET RELIGION

Etudes pour le temps présent

COMMENT

PEUT FINIR L'UNIVERS

D'APRÈS LA SCIENCE ET D'APRÈS LA BIBLE

PAR

C. de KIRWAN

Membre associé de l'Académie delphinale, Correspondant de
l'Académie de Besançon.

PRO DEO ET PATRIA

PARIS

LIBRAIRIE BLOUD ET BARRAL

4, RUE MADAME ET RUE DE RENNES, 59

—

1899

Tous droits réservés.

8° R 14946 (72)

INTRODUCTION

On a beaucoup écrit sur l'interprétation des premiers chapitres de la Genèse et sur le plus ou moins de concordance des théories scientifiques aujourd'hui admises avec les phénomènes cosmologiques cités par la Bible ou auxquels il est fait allusion dans le Livre inspiré, principalement en ce qui concerne les origines de l'univers (1). On s'est moins occupé, à ce point de vue, des prédictions contenues dans les saintes Écritures au regard de la fin des temps.

Les rapprochements sont, à la vérité, beaucoup plus difficiles en cet ordre de faits. Les textes qui se rapportent aux derniers jours de l'humanité sont obscurs, peut-être plus métaphoriques encore que ceux qui racontent la création ; ils sont d'ailleurs relativement rares, et les interprètes ne sont pas toujours d'accord au sujet de leur application, les uns rattachant en partie à la fin du monde ce que d'autres attribuent exclusivement à la destruction de Jérusalem, par exemple.

D'autre part, les conclusions auxquelles les récentes découvertes de la science ont permis aux savants d'arriver, ne sont pas toujours très précises, et se tiennent encore, au moins en une certaine mesure, dans le champ de généralités vagues et lointaines.

(1) J'ai moi-même traité cette question dans la *Revue des questions scientifiques* sous ce titre : *Comment s'est formé l'Univers*, en quelques articles parus dans les livraisons d'avril, juillet et octobre 1877, t. I et II de la collection de cette Revue. Ils ont été réunis ensuite en un volume in-12 aujourd'hui épuisé.

*Il est possible, cependant, d'établir sinon une con-
cordance parfaite, — laquelle serait très prématu-
rée sans être même actuellement désirable, — entre
les prédictions eschatologiques, c'est-à-dire concernant la fin des temps, et les prévisions de la science,
du moins un certain accord, direct quant aux vérités
d'ordre tout à fait général, et tout au moins négatif
si l'on descend dans le détail.*

*Je voudrais tracer une sorte d'esquisse de cet ac-
cord analogique, en m'autorisant d'un ouvrage
paru il y a quelques années, et où l'avènement des
derniers temps est envisagé à tous les points de
vue (1). La sûreté de doctrine de l'auteur me sera
d'un ferme appui pour éviter tous risques d'erreur
ou de témérité en ce qui touche l'interprétation des
textes sacrés.*

(1) *Le Règne du Christ, l'Eglise militante et les derniers
temps*, par M. l'abbé Thomas, vicaire général de Verdun. In-8°
de vi-333 pp. 1892, Bloud et Barral. — Voir aussi, du même auteur, *La fin du monde, d'après la foi et la science*, de la collection *Science et religion*, 1898. Bloud et Barral.

COMMENT PEUT FINIR L'UNIVERS

CHAPITRE I

AFFIRMATIONS, PRÉVISIONS ET CONJECTURES
DE LA SCIENCE

Rappelons à grands traits ce que la science affirme, ce qu'elle pressent et ce qu'elle peut reconnaître comme scientifiquement possible, quoique d'ailleurs non prévu.

Il y a d'abord la grande loi de la conservation de la matière ou de la masse, et de l'énergie, due aux constatations de Lavoisier pour la première, et, pour la seconde, aux travaux des Meyer, des Joule, des Hirn, etc. Cette loi est complétée par celle de la marche de l'énergie vers un état déterminé, vers un état limite et d'équilibre stable et final ; elle a été formulée par Clausius et Lord Kelvin (plus connu sous son premier nom de sir William Thomson), et magistralement exposée naguère dans la *Revue des questions scientifiques*, en octobre 1878 (1), par le fondateur à jamais regretté de ce recueil, le savant P. Carbonnelle.

Il résulte de ces lois que l'univers ne se meut pas dans un cycle éternel. Il subit une évolution qui a eu un commencement, traverse ou traversera une période de plénitude ou de maturité que suivra celle du déclin et, finalement, un état dernier comparable à la mort.

Cette vérité est, d'autre part, directement démontrée par l'observation. L'analyse spectrale appliquée aux multitudes de soleils qui peuplent le

(1) Revue des questions scientifiques, t. IV, pp. 581 et suiv. ; et *Les Confins de la science et de la philosophie*, t. I, chap. v, 1881, Paris, Palmé, par le R. P. Carbonnelle.

firmament permet d'évaluer leur âge relatif : un certain nombre d'entre eux, ne formant sur l'ensemble qu'une minorité, nous voulons parler des étoiles colorées et variables, donnent des signes ici avant-coureurs, là certains, de divers degrés de déclin, de décadence et de vieillesse; les autres, au contraire, c'est-à-dire la grande majorité, accusent la période du plein développement, de ce qu'on pourrait appeler, par comparaison avec l'humanité, la force de l'âge. De celle-ci aux signes de la vieillesse et jusqu'aux dernières convulsions qui précèdent l'extinction totale, les astronomes ont pu reconnaître les intermédiaires successifs.

Deux conséquences se dégagent de ces faits : l'une, c'est que l'univers cosmique a eu un commencement, puisque une partie des astres qui le composent approchent de leur fin, conclusion à laquelle nous étions arrivés déjà par une autre voie; l'autre, que le peuplement des espaces sidéraux a été simultané pour la plus grande part, puisque la majorité des étoiles accuse un âge sensiblement égal, une époque de formation à peu près contemporaine, en prenant toutefois cette contemporanéité dans une acception très large (1).

---

(1) Cf. H. Faye, de l'Institut, *Sur l'origine du monde*, 2ᵉ éd., pp. 198 et suiv., et chap. XIII, 1885; Paris, Gauthier-Villars. — La proportion des étoiles tout à fait blanches, telles que Sirius, Altaïr (α) de l'Aigle, Véga (α) de la Lyre, est de 60 p. c. du nombre total des étoiles ; celle des étoiles jaunes, telles que notre Soleil, Aldébaran du Taureau, Arcturus du Bouvier, est de 35 p. c. Ce sont les étoiles qui, de la pleine force de l'âge, commencent à passer aux premiers symptômes du déclin. Avec les étoiles blanches, elles forment donc 95 p. c. du total. Il reste les étoiles rougeâtres, comme Bételgeuse d'Orion, λ d'Hercule, etc., et les étoiles d'éclat variable, dont l'état accuse une fin prochaine ; leur proportion est de 5 p. c. seulement, sur l'ensemble. Tout le reste, soit l'immense majorité, est encore à l'état de pleine maturité ou commence seulement à s'en éloigner.

Un autre fait considérable, reconnu et constaté
par la science de nos jours, c'est que la vie procède
toujours de la vie, *omne vivum ex vivo*, l'hypothèse
des générations spontanées étant renversée et con-
damnée sans appel par les mémorables travaux de
M. Pasteur, confirmés par les expériences de
Schultze, de Schwann, de Milne-Edwards, et les
observations des Payen, des Quatrefages et des Du-
mas. Or, notre globe n'a pas toujours été dans l'état
où nous le voyons. La géologie et la géogénie ont
reconstitué son histoire; laquelle se relie à la cos-
mogonie générale. Primitivement petit soleil, issu,
mais dans une proportion relativement infime, de la
même nébuleuse que le grand Soleil qui aujourd'hui
l'éclaire, l'échauffe et la vivifie, la Terre, lumineuse
et resplendissante, s'est refroidie dans un délai com-
parativement court, en raison même de l'exiguïté
proportionnelle de ses dimensions. Durant de longs
siècles, elle a roulé dans les cieux, étoile éteinte,
mais trop brûlante encore pour que la vie pût prendre pied à sa surface; puis, à la suite des innombrables précipitations atmosphériques qui, peu à
peu, rafraîchirent la croûte solide toute pénétrée
encore de la chaleur du foyer intérieur, la vie com-
mença à s'implanter sur elle sous la forme des premiers végétaux, ensuite des premiers animaux.
Voilà ce que révèle la science de nos jours. La vie
a donc eu un commencement sur notre sphéroïde ;
et ce commencement ni n'a été fortuit, ni n'a pu être
spontané, de l'aveu même, implicite et involontaire,
il est vrai, de l'un des pontifes de la science matérialiste et athée, le professeur Hæckel, d'Iéna ; car
d'après lui il faut, si l'on repousse la génération

spontanée, admettre le miracle (1). Pareillement elle y aura une fin, et même bien des milliards de siècles, probablement, avant que l'ensemble de l'univers atteigne l'état limite d'équilibre final signalé tout à l'heure ; car, bien longtemps auparavant, dans vingt ou trente millions d'années au plus, notre Soleil encroûté et refroidi aura cessé d'envoyer à la Terre la somme de chaleur nécessaire pour la vivifier ; bien avant même ce refroidissement de l'astre qui nous éclaire, notre sphéroïde aura cessé d'être habitable pour l'homme et les grands mammifères, du fait de l'arasement des continents et des îles au niveau de l'océan, résultant de l'érosion, sur leurs rives, de la mer et surtout des cours d'eau (2).

Ainsi l'ensemble de l'univers n'a pas toujours existé, et il ne subsistera pas toujours ; ainsi la vie n'est apparue sur notre globe que longtemps après sa formation, et elle disparaîtra avant qu'il ne disparaisse lui-même ; enfin, de l'aveu même d'un des princes de la science athée, il n'y a pas de milieu, pour expliquer l'origine de la vie sur la Terre, entre l'intervention divine, l'action créatrice, et la généra-

(1) Ce fougueux champion de la théorie des effets sans cause soutient, on ne l'ignore pas, la génération spontanée envers et contre tout, en dépit de toute expérience contraire, parce que « qui ne croit pas à la génération spontanée admet le miracle ». La génération spontanée « est une hypothèse nécessaire, et qu'on ne saurait ruiner par des arguments *à priori ni par des expériences de laboratoire* ». (Discours prononcé à Paris, le 29 août 1878, et cité par M. Émile Ferrière dans un méchant opuscule intitulé : *Le Darwinisme*.) « Qui ne croit pas à la génération spontanée admet le miracle », c'est-à-dire l'intervention divine ; et le professeur d'Iéna préfère tomber dans l'absurde plutôt que de reconnaître cette intervention. Son aveu involontaire n'en est pas moins bon à retenir.

(2) M. de Lapparent, *La Destinée de la terre ferme et la durée des temps géologiques*, mémoire lu au Congrès scientifique international des catholiques, session de 1891, et reproduit par la REVUE DES QUEST. SCIENT. de juillet, même année. Voir aussi le *Compte rendu* dudit Congrès, VIIe section, p. 275 et suiv.

tion fortuite, spontanée, sans cause, aussi bien renversée par la raison et le bons sens que par l'expérience et l'observation scientifique (1).

De ces diverses conclusions, déduites par le raisonnement de faits scientifiquement observés, les unes sont rigoureusement établies et d'une certitude telle, qu'il est impossible de les combattre sans tomber dans l'absurde. Ainsi de la non-éternité de l'univers, ainsi de l'apparition de la vie sur le globe, et celle-ci à une époque relativement récente si on la compare

(1) On a bien essayé d'expliquer l'apparition de la vie sur la terre par la chute de germes plus ou moins uniformément répandus dans les espaces intersidéraux. Un savant allemand, M. J. Scheiner, astronome de l'observatoire de Postdam, a publié là-dessus, dans la revue *Himmel und Erde*, un mémoire dont le journal l'*Astronomie* a donné une traduction abrégée, dans sa livraison de juin 1891. Mais cette explication n'explique rien et d'ailleurs ne supporte pas l'examen. Elle n'explique rien ; car, en admettant la supposition, — absolument irréalisable, nous verrons pourquoi, — de germes vitaux répandus dans l'espace et qui viendraient éclore sur les planètes, encore faudrait-il expliquer d'où viennent ces germes et comment ils se trouvent là, l'auteur constatant lui-même que l'univers n'a pas toujours existé. Nous disons, en outre, qu'une telle hypothèse ne supporte pas l'examen. En effet, le froid des espaces intra-stellaires en dehors de la sphère d'action échauffante de chacun d'eux est représenté par — 270° ou — 273° C. C'est ce qu'on appelle le zéro absolu. Dans un tel milieu, tout corpuscule vivant, tout être organisé serait fatalement tué, si même ses éléments n'étaient, sous l'empire de ce froid excessif, dissociés comme sous l'action des hautes températures. De plus, au zéro absolu correspond, en thermodynamique, la cessation complète des mouvements moléculaires. Les écoles matérialistes ne peuvent donc expliquer la formation de cellules ou de germes vivants par rencontres fortuites d'atomes dans les espaces intra-stellaires, puisque ces atomes n'y auraient point de mouvement. Enfin, par cela même qu'ils seraient organisés ou capables d'êtres animés, ces germes, si ténus qu'on les suppose, seraient pondérables. Or, d'après Hirn et M. Faye, s'appuyant sur des calculs rigoureux, il est impossible d'admettre l'existence d'une matière pondérable quelconque, si raréfiée soit-elle, comme interplanétaire ; il en résulterait, dans les mouvements des planètes, une perturbation telle que le rayon de leurs orbites en serait progressivement diminué, ce qui amènerait finalement leur chute dans le Soleil. — Ainsi donc, à aucun point de vue, la réalité d'une sorte de panspermisme intersidéral ne peut être admise un seul instant.

aux durées qui l'avaient précédée. Les autres, sans offrir un degré de certitude absolue, revêtent cependant des caractères de vraisemblance assez grands pour équivaloir à ce qui, dans les habitudes courantes, est considéré comme assuré ou tout au moins très probable.

L'extinction, par exemple, de la vie sur la Terre par le froid, forme la conclusion du magistral *Traité de géologie* de M. de Lapparent, publié pour la première fois en 1883 et déjà devenu classique (1). « Le progrès de l'émersion des terres boréales, lit-on à la dernière page, paraît destiné à étendre de proche en proche l'influence des glaces polaires. Le Soleil, dont la condensation est déjà très avancée, ne trouvera bientôt (2) plus, dans le rétrécissement de son diamètre, une source suffisante pour l'entretien de sa chaleur ; et, à sa surface apparaîtront de larges taches, destinées à se transformer en une écorce obscure. Le jour où l'extinction de l'astre central sera consommée, nulle réaction physique ou physiologique ne pourra plus s'accomplir sur notre Terre, alors réduite à la température de l'espace et à la seule lumière des étoiles. Mais peut-être avant d'en arriver là, aura-t-elle déjà perdu ses océans et son atmosphère, absorbés par les pores et les fissures d'une écorce dont l'épaisseur doit s'accroître chaque jour. »

(1) Une 3ᵉ édition de cet ouvrage a paru en 1893 ; Paris, librairie Savy.
(2) Ce mot « bientôt » doit être entendu dans le sens géologique, ou mieux encore cosmogonique, non pas dans l'acception qu'il a relativement aux fugitifs instants de l'éphémère vie humaine. « Bientôt » est ici relatif aux milliers de milliers de siècles qui ont dû s'écouler depuis que les premières nébuleuses ont commencé à émettre dans le vide ténébreux des lueurs naissantes, jusqu'au complet achèvement de la constitution de notre système solaire, couronnée par l'apparition de l'homme sur la terre.

Avant même d'être réduit à la condition d'astre mort par l'absorption à l'intérieur de son atmosphère et de ses eaux, notre globe, on l'a indiqué plus haut, sera déjà devenu un séjour inhabitable pour l'homme et les autres représentants de la vie terrestre, par le ravalement des montagnes, des plateaux et des moindres rivages, au niveau même des mers. On connaît la surface des terres, îles et continents, émergés au-dessus de l'océan ; on a pu, par la comparaison de leurs diverses altitudes, calculer leur volume. On est parvenu enfin à déterminer, d'une manière suffisamment approximative, la portion de ce volume qui, chaque année, par l'action des eaux pluviales, des glaciers, des torrents et des fleuves, comme par l'érosion des mers contre les côtes, est entraînée au fond de celles-ci. De là il n'y a qu'un pas à préciser le nombre d'années nécessaire pour que, d'après la manière dont les choses se passent sous nos yeux, et en supposant qu'aucun changement important n'intervienne dans la marche de l'univers, le globe terrestre soit réduit à l'état d'une grande lagune sphérique, où partout le sol serait mélangé avec l'eau, réalisant la plaisante prédiction d'Alfred de Musset qui, sans nul doute, ne se croyait pas si bon prophète :

> Et le globe rasé, sans barbe ni cheveux,
> Comme un gros potiron roulera dans les cieux (1).

Ce nombre d'années serait de quatre millions et demi environ. La surface totale des terres émergées étant de 145.000.000 de kilomètres carrés ; leur altitude moyenne, d'après les calculs de MM. John Murray, Penck, Tillo, etc., équivalant à un plateau

---

(1) *Poésies nouvelles.* Dupont et Durand.

de 700 mètres de hauteur supramarine ; enfin la différence de niveau entre le plateau moyen abaissé et la surface de l'eau exhaussée, étant *annuellement* de 153 millièmes de millimètre ; — on aura le nombre d'années cherché en divisant 700 par la fraction $0^m,000.153$, soit 4.575.000 ans (1), ou, plus simplement, quatre millions et demi d'années.

Il importe de noter que ce chiffre a été calculé dans des conditions qui en font, non pas une donnée ferme, mais bien un maximum. En sorte qu'il ne serait pas exact d'assigner à l'anéantissement fatal des continents actuels un délai fixe de quatre. millions ou quatre millions et demi d'années ; mais il faut dire que, dans l'hypothèse où les choses continueraient à se passer comme elles se passent actuellement, quatre millions et demi d'années ne se passeront pas sans que cet arasement du sol au niveau des mers ne soit réalisé, pouvant d'ailleurs l'être plus tôt.

Cette uniformité des phénomènes actuels se maintiendra-t-elle durant de semblables séries de siècles ? La science, croyons-nous, n'a, jusqu'ici aucun moyen de le pressentir. Mais, en dehors du champ des prévisions, il y a celui des possibilités ; rien n'oblige, sans doute, à présager celles-ci, mais rien, non plus, n'empêche scientifiquement de les reconnaître.

Un savant, qu'il ne faut pas suivre d'habitude dans les envolées de sa riche et féconde imagination, mais dont on ne saurait d'ailleurs méconnaître le

---

(1) Cf. le mémoire cité plus haut de M. de Lapparent. La couche solide enlevée annuellement au plateau moyen uniforme · de 145.000.000 kilomètres carrés, est évaluée par les savants susnommés à onze centièmes de millimètre ($0^m.00011$). En s'étalant sur le fond des mers, beaucoup plus vaste que la surface des continents, cette couche l'exhausse de 11/252 de millimètre seulement. La somme de ces deux fractions donne le chiffre des $0^m.000.153$ mentionné ci-dessus.

mérite quand il veut bien se borner à faire de la science
pure, envisage dans une revue, l'éventualité de la
fin du monde (de notre monde terrestre) *par accident*.

« La Terre, dit-il, n'a pas cent mille ans (1), et
elle peut vivre des millions d'années. Mais aussi,
elle pourrait bien mourir d'accident ». Et il énumère
dix ou douze variétés d'accidents destructeurs possibles, quoique de vraisemblance inégale. On pourrait les classer comme étant, les uns d'ordre intérieur ou tellurique, les autres d'ordre extérieur ou
cosmique. La perte de l'oxygène de notre atmosphère ou de cette atmosphère tout entière, l'éclate-
ment de la croûte terrestre sous une poussée
gigantesque du feu intérieur ou son effondrement en
un immense tremblement de terre, l'affaissement
des continents sous l'océan recouvrant les terres
émergées d'un nouveau déluge universel, voilà autant d'accidents d'ordre tellurique et regardés comme
possibles, sinon comme vraisemblables, par notre
savant. Or, un seul d'entre eux suffirait pour détruire ou transformer notre planète, en tout cas pour
faire disparaître toute trace de vie sur elle.

Dans l'ordre cosmique, il en est bien d'autres
encore.

(1) Il y a ici une erreur ; le chiffre de cent mille ans est trop
fort ou trop faible. Trop fort, si l'auteur veut parler de la Terre
en tant qu'habitée par l'homme. Les plus récentes supputations,
faites par des savants de divers pays et sur des données différentes, tendent de plus en plus à réduire à un délai de douze à
quinze mille ans au maximum la dernière grande extension des
glaciers quaternaires, contemporaine de l'apparition de l'homme.
D'autre part, s'il s'agit de la Terre considérée à partir de l'époque où les premières manifestations de la vie s'y sont produites,
ce n'est pas de *cent mille* ans, mais de *cent millions* d'années
qu'il faudrait parler. (Cf. de Lapparent, mémoire cité.) Il faudrait
dire alors : « La Terre n'a pas un million de siècles et elle peut
vivre des millions d'années. »

Personne n'ignore que notre Soleil n'occupe pas un point fixe de l'espace. Comme toutes les étoiles brillantes par elles-mêmes, c'est-à-dire comme tous les autres soleils, il est animé d'un mouvement propre, dans lequel il entraîne tout son cortège de planètes, de satellites et d'astéroïdes. Il est absolument probable que sa trajectoire est une courbe fermée, une ellipse plus ou moins rapprochée du cercle ; mais on en ignore le centre. Et même les astronomes n'ont pas encore pu déterminer la courbure de cette trajectoire ; si vaste, si immense est la longueur de son rayon, que la portion d'arc qu'on en a pu mesurer ne diffère pas encore, suivant nos moyens d'investigation, d'une ligne droite. Tout ce qu'on peut savoir jusqu'ici, c'est que l'astre, qui est pour nous l'astre-roi, se dirige actuellement vers un point situé un peu au nord de l'étoile λ de la constellation d'Hercule (1).

Il suit de là que, depuis l'origine, les planètes, la Terre comprise, n'ont jamais, dans leurs révolutions autour du Soleil, repassé par le même chemin. Elles décrivent, sous les apparences de courbes fermées, en réalité, une série de tours de spire, écartés les uns des autres de tout le chemin parcouru, durant chaque révolution de la planète, par le Soleil dans son mouvement de translation. Bien des rencontres, pendant ce voyage à travers les immensités de l'espace et de la durée, sont donc

(1) En 1800, l'ascension droite était de 260° 58', 8", ou 17 h. 23˙55, 2" ; et la déclinaison boréale de 31° 17', 3", d'après Argelander. Le même savant, confirmant et développant les données fournies par Herschell, estime que la vitesse de translation du Soleil dans l'espace est au moins égale à la vitesse de la Terre dans son mouvement de révolution autour du Soleil. (*Cours d'astronomie* de Ch. Delaunay et Alb. Lévy, 6ᵉ éd., p. 629.) On sait que ce dernier n'est pas inférieur à cent six mille kilomètres à l'heure.

possibles entre notre globe et tel ou tel objet sidéral
circulant avec une vitesse plus ou moins grande ou
de sens différent ; chacune de ces rencontres pourrait amener la fin de notre planète sous une forme
ou sous une autre. Par exemple, le choc contre un
globe de masse égale ou supérieure, fût-il obscur,
produirait un dégagement de chaleur suffisant pour
la volatiliser ; si ce globe était un soleil incandes-
cent, il la consumerait avant même le contact. La
rencontre d'un essaim d'uranolithes, ou d'une
grande comète à noyau solide ou composée de gaz
délétères, ou d'une nébuleuse formée de particules
embrasées, ou d'un amas cosmique quelconque suffirait à déterminer sur notre Terre des commotions
violentes capables soit de l'anéantir, soit d'y détruire
la vie en révolutionnant complétement sa constitution physique (1).

Intrinsèquement parlant, ces rencontres sont peu
probables, par la raison que voici. Aucun corps
n'est immobile dans l'espace. Lors donc que deux
corps, de masse et de volumes égaux ou inégaux,
mais non disproportionnés, s'approchent simultanément d'un possible point de rencontre, la plus
grande somme des chances est pour que leur attraction mutuelle soit en partie neutralisée et résolue
dans leur résultante avec leur mouvement propre :
l'effet produit serait alors le changement de direc-

---

(1) Cf. *L'Astronomie*, revue mensuelle, n°ˢ de novembre 1892 et
suiv., janvier 1893. C. Flammarion. — De ses articles, amplifiés
et encadrés dans la trame d'un récit avec vues imaginatives souvent étrangères au sujet, l'auteur a fait ultérieurement un volume
à gravures et édité avec luxe. Cet ouvrage eût pu constituer
une sorte de roman scientifique non dénué de valeur, si l'écrivain,
en qui l'esprit sectaire et une hostilité haineuse contre le christianisme dominent trop souvent les vues scientifiques, n'eût
introduit dans son récit toute une série d'épisodes en qui le blas-
phème et la parodie vont de pair avec l'absurde.

tion de l'orbite, soit des deux corps si leurs masses
n'étaient pas très différentes, soit du plus faible
seulement dans le cas contraire. C'est ainsi qu'en
1770 la comète de Lexel, s'étant trouvée sur le passage de Jupiter, a vu le cours de sa trajectoire
complètement changé sans qu'aucune perturbation
ait été constatée, même dans les mouvements des
satellites de la grosse planète. Des rencontres de ce
genre, quand il s'agit d'une petite comète surtout,
peuvent n'apporter aucun trouble sur la planète
rencontrée. Par exemple, la comète de Biéla, après
avoir, en 1832 (29 octobre), coupé l'orbite terrestre
sur un point que la Terre n'a atteint que le 30 novembre suivant ; après s'être, à son retour en 1846,
divisée en deux fragments, nous a vraiment rencon-
trés le 27 novembre 1872, mais entièrement morce-
lée et désagrégée, et ne manifestant sa présence que
sous la forme d'une multitude d'étoiles filantes qu'on
n'a pas évalué à moins de cent soixante mille. Nouvelle rencontre encore le 27 novembre 1886 ; mais
cette fois la pluie d'étoiles filantes était moins riche
que la première, un grand nombre de débris comé-
taires s'étant sans doute égrenés le long de leur
route. Egalement, dans la matinée du 30 juin 1861,
d'après les calculs des astronomes, la Terre a dû
être plongée, sans même qu'on s'en soit aperçu,
dans les derniers effluves de la queue de la grande
comète de cette époque.

Mais toutes rencontres de comètes ne sont pas
nécessairement inoffensives. D'ailleurs, les chocs
contre un objet sidéral solide, pour être peu probables
par la raison donnée plus haut, ne sont cependant
pas impossibles, comme on le verra plus loin. Quant
aux comètes, s'il en est dont le noyau transparent
semble être gazeux comme leur chevelure ou leur

queue, c'est-à-dire comme leur atmosphère, il en est d'autres dont le noyau se révèle comme un corps solide ou une agrégation de corpuscules de volumes divers. Si l'une de ces comètes venait à rencontrer la Terre, animée de même vitesse et en sens contraire, Laplace a calculé que l'axe de la Terre serait brusquement changé, et que les mers abandonneraient leur lit actuel pour se précipiter violemment sur le nouvel équateur, détruisant tout sur leur passage.

On peut aussi supposer, sans invraisemblance, la rencontre de la Terre avec une comète du genre de celle de 1811. On sait que la tête de cet astre extraordinaire ne mesurait pas moins de dix-huit cent mille kilomètres de diamètre, soit plus de 140 fois le diamètre moyen de la Terre (12 742 ^{k}), et que sa queue occupait une longueur de 176 millions de kilomètres, près de cinq fois (4,75) le rayon de l'orbite terrestre. La vitesse d'une comète pareille dans le voisinage de la Terre serait de 150.000 kilomètres à l'heure, tandis que la vitesse de la Terre dans le même temps est de 106.000 kilomètres. Si notre globe rencontrait une pareille comète se dirigeant en sens exactement contraire, le choc serait donné par la somme de ces deux vitesses, correspondant à 71.110 mètres par seconde. Dans l'hypothèse la plus favorable, celle d'un noyau gazeux de densité très faible et dont la résistance serait nulle, la Terre ne mettrait pas moins de sept heures (6 ^{h} 57 ^{m}) pour le traverser avec cette vitesse plus que vertigineuse, laquelle se compliquerait encore du mouvement de notre planète sur elle-même. La première conséquence de cette immersion dans le fluide cométaire serait une élévation de température suffisante pour enflammer notre atmosphère, et cet incendie colos-

BIBLIOTHÈQUE NATIONALE R.F IMPRIMÉS

sal « serait précédé, dit M. C. Flammarion, de la plus gigantesque averse d'étoiles filantes et de bolides qu'on ait jamais vue » (1). Que serait-ce si le noyau, au lieu d'être à l'état de gaz d'une ténuité extrême, était solide ou composé d'un amas d'uranolithes massifs et plus ou moins volumineux ! Mais, même avec un noyau fluide, pendant sept heures consécutives, ou même davantage, car nous avons supposé nulle la résistance de ce fluide et elle ne le serait pas, pendant plus de sept heures consécutives il y aurait transformation incessante de mouvement en chaleur. Tout flamberait, tout se consumerait ; il y aurait fin de monde terrestre par le feu. Le même mode de dénouement se réaliserait par d'autres rencontres que celle d'une comète, par celle d'une nébuleuse, d'une nuée cosmique, voire d'un globe volumineux, planète errante, soleil éteint ou même brillant. D'ailleurs un tel incendie cosmique ne serait pas sans exemple dans les profondeurs intersidérales.

Dans les premiers jours de février de l'année 1892 l'apparition d'une étoile nouvelle fut signalée dans la constellation du Cocher, à environ deux degrés au sud de l'étoile x de cette constellation, par $5^h25^m4^s$ d'ascension droite et 30°21' de déclinaison boréale. Elle était de cinquième grandeur et demie (2). On l'a retrouvée ensuite sur des clichés photographiques antérieurs, et l'on a pu constater qu'au commencement de novembre 1891 elle était inférieure à la onzième grandeur. Depuis lors son éclat a progressé jusqu'à atteindre, au 20 janvier, tout

(1) Loc. cit., décembre 1892.

(2) Cf. L'Astronomie, mars 1892, p. 93. — Nature (London), cité par la Rev. des quest. scient., avril 1892, pp. 670-676 ; avril 1893, pp. 650-664., J.-D. LUCAS.

près de la quatrième grandeur (4, 2), en oscillant
autour de la cinquième. Puis elle a décrû peu à peu
jusqu'à descendre, en fin avril 1892, à la quinzième
grandeur (1), et enfin à la seizième. Son maximum
d'éclat, la rendant visible à l'œil nu, avait duré seulement trois mois, du 7 décembre 1891 au 6 mars
suivant environ. On a conclu de ces variations d'éclat
que, pendant la durée du maximum, cet astre avait
été *cinquante mille fois plus lumineux* qu'au commencement et à la fin de son apparition.

Un phénomène tout à fait semblable a été constaté en 1876 pour une étoile temporaire observée
dans la constellation du Cygne et, en 1866, pour un
astre également transitoire apparu dans la Couronne
boréale.

C'étaient là d'immenses incendies célestes. Comment se sont-ils allumés ?

Plusieurs explications sont plausibles.

Un bolide gigantesque, planète courant aux dernières limites de la sphère d'attraction de son soleil,
ou même quelque soleil éteint, vient à traverser un
nuage cosmique, une de ces nébuleuses vagues,
informes encore, dont les centres d'attraction sont
jusqu'à présent peu énergiques ; aussitôt les particules de la nuée, violemment attirées, se précipitent
avec des vitesses croissantes à la rencontre du bolide et y déterminent bientôt une conflagration générale. Ou bien encore deux corps semblables s'entre-
choquent avec une force représentée par le total de
leurs vitesses respectives. Dans l'un ou l'autre cas,
en ce qui concerne l'étoile temporaire du Cocher, les
données fournies par l'analyse spectrale ont permis
de calculer que les deux corps, bolide et nuée ços-

(1) *L'Astronomie*, juin 1892, p. 225.

mique, ou bolide contre bolide, se sont heurtés avec la vitesse effroyable de 900 kilomètres par seconde.

On pourrait encore admettre, d'après M. Huggins, le rapprochement, sans rencontre proprement dite, de deux soleils relativement faibles, se mettant à tourner autour de leur commun centre de gravité et exerçant l'un sur l'autre une attraction violente, provoquant sur tous les deux des éruptions gigantesques et beaucoup plus considérables que celles que nous observons sur notre Soleil ; ces éruptions, lançant tout autour de chacun des deux astres des flammes énormes, les auraient enveloppés d'un immense incendie. Il est clair que l'explication serait également valable dans le cas où, les deux astres se mettant, par suite de leur rapprochement, à graviter l'un autour de l'autre, l'un seulement serait un soleil, l'autre étant un corps opaque. Enfin un résultat analogue arriverait pour notre Terre si la rencontre avait lieu entre notre propre Soleil et un autre astre de masse égale ou approchée, ou un nuage cosmique ; ou si, d'une manière plus générale, par une cause cosmique quelconque, le Soleil qui nous éclaire et retient la Terre dans son orbite venait à voir sa température s'élever en quelques semaines à un grand nombre de fois (sans même aller jusqu'à cinquante mille fois) ce qu'elle est aujourd'hui. Toute vie serait consumée sur la Terre ; les eaux des mers, mises en ébullition, s'élanceraient dans l'atmosphère en vapeurs brûlantes ; l'atmosphère elle-même ne serait-elle pas exposée à s'enflammer ?

De toute manière, ce serait la fin de notre monde par le feu.

Depuis Hipparque, c'est-à-dire depuis plus de deux mille ans, il a été observé vingt-cinq de ces étoiles nouvelles paraissant tout à coup, augmentant puis diminuant d'éclat, ou même finissant par disparaître. Il a dû, très probablement, se produire un certain nombre d'autres phénomènes semblables qui n'ont pas été observés. Le fait, relativement assez fréquent, des ces apparitions prouve la possibilité pour notre globe de devenir, lui aussi, à un moment donné de sa durée, soit une étoile temporaire dans le ciel, soit la victime, par combustion, d'un échauffement excessif du Soleil. En l'un et l'autre cas, sa fin pourrait arriver à une époque quelconque, bien avant, par conséquent, les quatre ou cinq millions d'années au cours desquelles les continents et les autres terres émergées doivent se trouver ravalés au niveau de l'Océan.

Nous ne poursuivrons pas plus loin la série des conjectures scientifiques sur les causes *possibles* de la fin de notre monde par accident. Ce qui en a été examiné suffit largement au dessein que nous nous sommes proposé en abordant cette étude.

CHAPITRE II

PRÉVISIONS TIRÉES DE L'ÉCRITURE SAINTE

Après avoir passé en revue : 1° ce que la science contemporaine affirme avec certitude ; 2° ce qu'elle pressent comme probable pour un avenir plus ou moins lointain et en concluant à ce qui doit arriver de ce qui se passe actuellement sous ses yeux ; 3° enfin ce qu'elle considère comme possible sans pouvoir l'annoncer, sans même le regarder comme probable ; — il ne sera pas sans intérêt de se placer sur un terrain différent et d'examiner ce que l'Ecriture sainte nous révèle en ce qui concerne la fin des temps.

A prendre certains textes au pied de la lettre, on pourrait croire que les prophètes mêmes de l'Ancien Testament ont eu une vue des phénomènes qui s'accompliront aux derniers jours du monde actuel.

« Poussez des hurlements, s'écrie Isaïe, parce que le jour du Seigneur est proche : le Seigneur viendra pour tout perdre... Voici que va venir le jour du Seigneur, cruel, plein d'indignation, de colère et de fureur, pour faire de la terre une solitude et pour en réduire les pécheurs en poussière. Parce que les étoiles du ciel et leur splendeur ne répandront plus leur lumière ; le soleil à son lever s'est couvert de ténèbres et la lune n'éclairera plus... J'ébranlerai le ciel même ; la terre sera changée de place à cause de l'indignation du Seigneur des armées et du jour de son extrême colère (1). »

Un siècle et demi plus tard, Ezéchiel, menaçant le Pharaon d'Egypte, employait un langage analogue : « A ta mort, j'obscurcirai le ciel et j'en noircirai les étoiles : je couvrirai le soleil d'une nuée et la lune ne donnera plus sa lumière. Je ferai s'affliger sur toi tous les flambeaux du ciel, et je couvrirai la terre de ténèbres... (2) »

---

(1) *Ululate quia prope est dies Domini : quasi vastitas a Domino veniet... Ecce dies Domini veniet, crudelis et indignationis plenus, et iræ, furorisque ad ponendam terram in solitudinem, et peccatores ejus conterendos de ea. Quoniam stellæ cœli et splendor eorum non expandent lumen suum : obtenebratus est sol in ortu suo, et luna non splendebit in lumine suo... Super hoc cœlum turbabo : et movebitur terra de loco suo propter indignationem Domini exercituum, et propter diem iræ furoris ejus.* Is., XIII, 6, 9, 10, 13.

(2) *Et operiam, cum extinctus fueris, cœlum, et nigrescere faciam stellas ejus. Solem nube tegam et luna non dabit lumen tuum. Omnia luminaria cœli mœrere faciam super te : et dabo tenebras super terram tuam.* Ezech., XXXII, 7, 8.

Joël, s'adressant au peuple de Juda ne parlait pas autrement : « La terre a tremblé, les cieux ont été ébranlés ; le soleil et la lune ont été enténébrés, et la splendeur des étoiles s'est éclipsée... Je ferai paraître des prodiges dans le ciel et sur la terre, du sang et du feu, des vapeurs et des fumées. Le soleil sera changé en ténèbres et la lune en sang avant que vienne le grand et terrible jour du Seigneur (1). » Plus loin il revient à la charge : « Le soleil et la lune se sont couverts de ténèbres et les étoiles ont perdu leur lumière (2). »

Or, ces diverses prédictions, dont l'histoire a vérifié l'exactitude, concernait des personnages qui ont vécu et des faits qui se sont déroulés antérieurement à la venue du Christ. L'obscurcissement du soleil, de la lune et des étoiles, l'ébranlement de la terre et du ciel et d'autres annonces de cataclysmes analogues, ne doivent être pris, d'après plusieurs commentateurs, que dans un sens métaphorique, ou mieux, allégorique exclusivement ; ce sont les images des grandes commotions sociales et politiques qui menaçaient, dans la bouche d'Isaïe, Babylone et ses souverains, dans celle d'Ezéchiel, le Pharaon égyptien, et le peuple de Juda par les paroles de Joël. Il n'y aurait pas, dès lors, à s'en préoccuper quant aux prévisions relatives à la fin des temps.

Toutefois, il est des interprètes aux yeux de qui ces allégories, ces métaphores violentes, pourraient

---

(1) *A facie ejus contremuit terra ; moti sunt cœli, sol et luna obtenebrati sunt, et stellæ retraxerunt splendorem suum. Et dabo prodigia in cœlo et in terra, sanguinem et ignem, et vaporem fumi. Sol convertetur in tenebras et luna in sanguinem, antequam veniat dies Domini magnus et horribilis.* Joël., II, 10, 30, 31. Cf. etiam III, 15 et 16.

(2) *Sol et luna obtenebrati sunt et stellæ retraxerunt splendorem suum.* Ibid., III, 15.

avoir, en outre de leur signification symbolique concernant des événements relativement prochains, un sens plus direct, applicable aux derniers jours. Ainsi M. l'abbé Vigouroux, dans les notes dont il a enrichi la nouvelle édition de la Bible française de l'abbé Glaire, fait remarquer, à l'occasion du verset 10e au chapitre XIII d'Isaïe (obscurcissement des étoiles, du soleil et de la lune), que « des signes semblables doivent précéder le dernier avènement de Jésus-Christ, qui viendra frapper d'anathème les réprouvés représentés par cette Babylone impie », objet des menaces du prophète. Et il renvoie, à ce propos, aux chapitres XXIV de saint Matthieu, verset 29, et XIII de saint Marc, versets 24 et 25, où sont employées les mêmes menaces, presque dans les mêmes termes, et renforcées par d'autres encore :

« Aussitôt après la tribulation de ces jours, » dit saint Matthieu, « le soleil sera obscurci, et la lune ne donnera point sa lumière, et les étoiles tomberont du ciel, et les puissances des cieux seront ébranlées. »

Statim autem, post tribulationem dierum illorum, sol obscurabitur, et luna non dabit lumen suum, et stellæ cadent de cœlo, et virtutes cœlorum commovebuntur.

Saint Marc n'est pas moins explicite :

In illis diebus, post tribulationem illam sol contenebrabitur, et luna non dabit splendorem suum.

Et stellæ cœli erunt decidentes, et virtutes, quæ in cœlis sunt, movebuntur.

Si ces paroles de Notre-Seigneur, rapportées par les deux premiers évangélistes, ont quelque application à ce qui se passera aux approches de son dernier avènement en ce monde, on ne voit pas pourquoi il n'en serait pas de même de celles, presque identiques, que Dieu avait mises dans la bouche des prophètes de l'ancienne loi.

Ce ne sont pas, du reste, les seules calamités que Jésus-Christ ait prédites devant ses disciples. Sans parler de celles d'ordre spirituel et moral, qui rentrent moins dans notre sujet, des guerres, des pestes, des famines, des tremblements de terre sont annoncés comme étant « le commencement des douleurs, *initia dolorum* » (1). De plus, « il y aura des signes dans le soleil, la lune et les étoiles ; et sur la terre les nations seront dans la détresse à cause du bruit effroyable de la mer et des flots. Et les hommes sécheront de frayeur dans l'attente de ce qui doit arriver dans tout l'univers, car les forces, *virtutes*, des cieux seront ébranlées » (2).

On n'ignore pas que ces prédictions sinistres, Jésus les a formulées à la veille de sa Passion et à l'occasion de l'annonce de la destruction de Jérusalem. La plupart des commentateurs, croyons-nous, estiment que, dans le discours y relatif adressé aux disciples, certaines parties se rapportent, en effet, à la ruine de Jérusalem, consommée moins d'un demi-siècle plus tard, mais que d'autres, telles notamment que celles qui viennent d'être rappelées, concernent la fin des temps.

Comment concevoir que l'obscurcissement des astres, les chutes d'étoiles, l'ébranlement des « vertus » des cieux, ne concernent pas la fin des temps

---

(1) *Consurget enim gens in gentem, et regnum in regnum ; et erunt pestilentiæ, et fames, et terræmotus per loca. — Hæc autem omnia initia sunt dolorum.* Matth., XXIV, 7 et 8.

(2) *Et erunt signa in sole, et luna et stellis, et in terris pressura gentium præ confusione sonitus maris et fluctuum. — Arescentibus hominibus præ timore, et expectatione, quæ supervenient universo orbi : nam virtutes cælorum movebuntur.* Luc., XXI, 25 et 26. — Cf. abbé Thomas, *Le Règne du Christ, l'Eglise militante et les derniers temps*, liv. VIᵉ, chap. VII.

quand, immédiatement après les avoir annoncées,
Notre-Seigneur ajoute :

« Alors on verra le Fils de l'homme venant dans
les nuées avec une grande puissance et une grande
gloire. Alors aussi il enverra ses anges, et il ras-
semblera ses élus, des quatre vents, de l'extrémité
de la terre jusqu'à l'extrémité du ciel (1). »

Il est cependant des interprètes, et non des moins
autorisés, qui veulent que la totalité du discours de
Jésus à ses disciples concerne exclusivement la
ruine de Jérusalem et la destruction du peuple juif en
tant que corps de nation. D'après cette interprétation,
qui est celle du regretté P. Corluy (2), et aussi,
non d'ailleurs sans quelque hésitation, celle de feu
le savant abbé Bacuez (3), il faudrait prendre les
annonces de cataclysmes exclusivement dans le
sens allégorique ; l'apparition du Fils de l'homme,
arrivant sur les nuées avec une grande puissance et
une grande majesté, *cum virtute magna et majestate*,
serait également symbolique et signifierait la prochaine expansion de l'Eglise ; l'envoi des anges avec
des trompettes rassemblant les élus des quatre vents
du ciel — *et mittet angelos suos cum tuba et voce
magna, et congregabunt electos*, etc. (Matth., xxiv,
30, 31) — serait une allusion aux apôtres envoyés
par toute la terre pour annoncer l'Evangile et ame-

---

(1) *Et tunc videbunt Filium hominis venientem in nubibus
cum virtute magna et gloria. — Et tunc mittet angelos suos et
congregabit electos suos a quatuor ventis, a summo terræ usque
ad summum cœli.* Marc., xiii, 26 et 27. — Cf. *etiam* Matth.,
xxiv, 30, 31 ; Luc., xxi, 27, 28.

(2) *Dictionn. apologét.* de l'abbé Jaugey, art. *Fin du monde.*

(3) *Manuel Biblique*, t. III, § 261. Ce paragraphe semble con-
tradictoire avec le 251ᵉ, où trois interprétations différentes expo-
sées admettent toutes que, tout en prédisant la ruine de Jérusalem
et du temple, Notre-Seigneur faisait aussi allusion à la fin du
monde et à son dernier avènement.

ner à Dieu les âmes dociles ; car s'il s'agissait ici
du dernier jugement, disent les partisans de cette
interprétation, ce ne seraient pas les élus seulement,
mais tous les hommes bons et mauvais qui seraient
rassemblés (1). La preuve que la prédiction de
Notre-Seigneur s'appliquait exclusivement à la prochaine destruction de Jérusalem et du temple et à la
dispersion des Juifs, est, selon eux, dans cette conclusion du discours du divin Maître, rapportée par
chacun des trois synoptiques : « En vérité, je vous
le dis : cette génération ne passera point que *toutes
ces choses*, πάντα ταῦτα, ne s'accomplissent. » (*Matth.*,
xxiv, 34 ; *Marc.*, xiii, 30 ; *Luc.*, xxi, 32) (2).

On pourrait objecter, ce semble, que *generatio
hæc* ne signifie pas nécessairement les seules personnes qui vivaient en même temps que Notre-Seigneur Jésus-Christ. « Cette génération » peut s'en-
tendre soit de l'humanité tout entière, soit du
peuple juif. Le texte grec porte : ἡ γενεὰ αὕτη ; or,
γενεά signifie aussi bien *race, lignée, descendance*,
que génération contemporaine. Prétendre qu'on ne
peut admettre que Jésus ait affecté ce sens à ces paroles parce que c'eût été parler pour ne rien dire, ne
nous paraît pas un argument bien convaincant : les
prophéties sont toujours entourées d'un certain mys-
tère, d'une certaine obscurité. Ne voulant donner
aucun indice qui permît de soupçonner l'époque probable de la fin des temps, puisqu'il ajoutait à ce sujet : « Pour ce jour et cette heure, personne ne les
connaît, pas même les anges du ciel, si ce n'est le
Père seul (3), Notre-Seigneur pourrait fort bien, ce

---

(1) L. Bacuez, *Manuel biblique, Nouveau Testament*, 2 éd.,
t. III, § 261.
(2) Corluy, *Dictionn. apologét.*, loc. cit.
(3) *De die autem illa et hora nemo scit, neque angeli cœlorum, nisi solus Pater.* Matth., xxiv, 36.

semble, employer une expression devant se prendre
dans le sens le plus direct, le plus *obvie*, pour ce qui
se rapportait à la ruine de Jérusalem, tout en s'enten-
dant aussi en une acception plus étendue, plus loin-
taine et ne précisant rien quant à la fin du monde.
Dès lors l'expression πάντα ταῦτα, *toutes ces choses*,
s'explique naturellement, s'appliquant aussi bien à ce
qui concerne les derniers jours qu'à ce qui se rapportait à la prochaine dévastation de la ville sainte.
Il est bien certain que les disciples l'avaient inter-
rogé non seulement sur l'époque de la ruine de
Jérusalem, mais aussi sur celle de la fin des
temps ; car quand Jésus leur eut dit, en leur
montrant le temple : « Il ne restera pas là pierre sur
pierre qui ne soit détruite, *non relinquetur hic lapis
super lapidem, qui non destruatur* » (*Matth.*, XXIV, 2),
ils le questionnèrent en ces termes : « Dites-nous
quand cela se fera, et quel sera le signe de votre
avènement *et de la consommation du siècle* (1) ». Or,
s'il entrait dans les vues du Maître d'instruire ses
disciples du prochain renversement du temple et de la
chute de Jérusalem, il n'était pas dans son dessein
de faire connaître en quel temps arriverait son dernier avènement et la « consommation du siècle »,
c'est-à-dire la fin du monde, non plus que la reconsti-
tution du royaume d'Israël qui doit, croit-on, la
précéder : « Il ne vous appartient pas de connaître
les temps et les instants que le Père a choisis dans
sa puissance », répondait-il, au moment de monter
au ciel, aux interrogations de ceux qui l'entou-
raient (2).

(1) ... *Accesserunt ad eum discipuli secreto, dicentes : Dic no-
bis quando hæc erunt ? et quod signum adventus tui et con-
summationis sæculi ?* Matth., XXIV, 3.
(2) *Non est vestrum nosse tempora vel momenta quæ Pater
posuit in sua potestate.* Act. Apost., I, 7.

La considération tirée de ce qu'il n'est question que des élus, et non des méchants avec eux, dans l'appel, au son de la voix et de la trompette des anges, ne paraît pas absolument concluante. Ce peut être une simple métonymie, la partie prise pour le tout, forme de langage fort explicable si l'on songe que les élus, étant appelés à la gloire, avaient sans doute une place plus grande dans la pensée du Rédempteur, que les réprouvés qu'il doit repousser au dernier jour par cette parole : *Nescio vos*, je ne vous connais pas (*Matth.*, xxv, 12).

Le discours de saint Pierre rapporté au second chapitre des Actes des Apôtres semble bien confirmer l'interprétation qui applique à la fin des siècles les cataclysmes cosmiques mentionnés en divers points de l'Écriture sainte. Il reproduit, en effet, en l'appliquant à la fin des temps, la prophétie de Joël.

« Et il arrivera dans les derniers jours, dit le Seigneur, que je répandrai mon esprit sur toute chair... Et je ferai des prodiges en haut dans le ciel et des signes en bas sur la terre, du sang et du feu, des vapeurs et des fumées. Le soleil sera changé en ténèbres et la lune en sang avant que vienne le grand et manifeste jour du Seigneur (1). »

L'expression *in novissimis diebus* désigne chez les prophètes l'époque messianique, dont la fin du monde présent constitue la période dernière. Si donc on peut appliquer à cette période une prophétie que son auteur adressait, à titre de menace, au

_____

(1) *Et erit in novissimis diebus, dicit Dominus, effundam de spiritu meo super omnem carnem ;... Et dabo prodigia in cœlo sursum, et signa in terra deorsum, sanguinem et ignem, et vaporem fumi. Sol convertetur in tenebras, et luna in sanguinem, antequam veniat dies Domini magnus et manifestus.* Act. Apost., ii, 17, 19, 20.

peuple de Judée, il semble logique qu'on puisse également y rapporter celles d'Isaïe prédisant la ruine
de Babylone, d'Ezéchiel annonçant le châtiment
qui devait frapper le Pharaon d'Egypte, et à plus forte
raison celle de Jésus-Christ lui-même informant ses
disciples de la prochaine chute de Jérusalem et de
la destruction du temple.

« La prophétie, dit M. l'abbé Salmon, est un ta-
bleau où les plans ne sont point distincts en appa-
rence bien qu'ils le soient en réalité. Dieu place les
événements comme sur une toile, de sorte que le
présent touche au passé et à l'avenir. Le prophète
aussi se transporte facilement d'un lieu à un autre,
et du moment actuel à une époque éloignée. Isaïe
parle de la ruine de Babylone *en même temps que
du jugement dernier*, et Jésus-Christ en agit mani-
festement de même dans l'Evangile quand il annonce
la ruine de Jérusalem (1). »

L'abbé Bacuez lui-même, quelques pages avant celle
où il combat cette interprétation, semble bien l'admettre :

« La majeure partie de cette prophétie, dit-il, a
évidemment pour objet la ruine de Jérusalem ; *mais
une partie aussi*, la dernière au moins, *se rapporte
à la fin du monde*. On peut regarder ces deux points
comme *généralement admis* (2) ». Il reconnaît que la
plupart des commentateurs ou bien considèrent que
Jésus-Christ a parlé successivement, séparément et
dans le sens littéral de la ruine de Jérusalem et de
la fin du monde, ou bien que tout au contraire ces
deux ordres de prophéties sont mêlés ensemble, de
telle sorte que « certains traits s'appliquent égale-

(1) *La Sainte Bible, récit et commentaire*, par l'abbé F. R. Salmon, du diocèse de Paris. In-4° de xiv-615 pp. Paris, 1878. P. 357.

(2) L'abbé Bacuez, *loc. cit.*, § 251, p. 310.

ment à l'un et à l'autre de ces faits, d'autres à un seul, d'autres à l'un des deux principalement et secondairement à l'autre ». Saint Jérôme (*In Matt.*, xxiv) et saint Augustin (*Epist.*, cxc, 9) sont les autorités principales que peuvent invoquer les partisans de ce mode d'interprétation.

« A quelque sentiment qu'on s'attache, ajoute l'abbé Bacuez, il importe d'observer que la ruine de Jérusalem a été, — comme celle de Rome prédite aux chapitres xvii et xviii de l'Apocalypse, — la figure de la fin du monde et du jugement universel ; que par conséquent, les prédictions qui s'appliquent littéralement aux deux premiers faits ont aussi un sens spirituel qui se rapporte à ce dernier événement » (1).

Somme toute, l'explication la plus probable, celle qui réunit le plus d'adhérents, est celle suivant laquelle les prophéties prédisant, avec menaces de cataclysmes cosmiques, des ruines politiques et des bouleversements sociaux, visaient aussi les tourmentes physiques qui signaleront les derniers jours de l'humanité.

D'ailleurs, les différents passages des saintes Ecritures que nous avons cités ne sont pas les seuls qui soient applicables à la fin du monde. Saint Pierre, notamment, au chapitre iii de sa deuxième épître, prononce des paroles bien significatives, quand il annonce que les cieux et la terre créés par la parole de Dieu et qui subsistent par cette même parole, sont *réservés pour le feu au jour du jugement* et de la perdition des impies (2). Il ajoute, quelques lignes plus bas :

_____

(1) Bacuez, *ibid.*, p. 311.

(2) *Cœli autem qui nunc sunt, et terra, eodem verbo repositi sunt, igni reservati in diem judicii et perditionis impiorum hominum.* II. Petr., iii, 7.

« Comme un voleur surviendra le jour du Seigneur, jour dans lequel les cieux passeront avec une grande impétuosité, les éléments seront dissous par la chaleur et la terre sera brûlée avec tout ce qu'elle contient..., jour où les cieux mêmes seront dissous, et les éléments consumés par l'ardeur du feu (1). »

Ici, plus d'équivoque possible, saint Pierre annonce expressément le dernier avènement de Jésus-Christ et la fin du monde ; et c'est alors que les éléments, les cieux, la terre seront brûlés, séchés par la chaleur, consumés par le feu. La prédiction, bien que sommairement exprimée, est aussi explicite qu'on peut le désirer. Dès lors pourquoi rejeter l'interprétation des paroles de Notre-Seigneur annonçant à ses disciples la ruine de Jérusalem, comme visant aussi, au moins en partie, les phénomènes qui signaleront son dernier avènement et la consommation des siècles ? Assurément, en ce qui concerne la ruine de Jérusalem et la destruction du temple, on ne peut prendre que dans le sens symbolique l'annonce de l'obscurcissement du soleil et de la lune, des chutes d'étoiles et de l'ébranlement des « vertus des cieux », c'est-à-dire des forces cosmiques. Mais, appliquées à la fin des temps, ces mêmes prédictions offrent avec celles de saint Pierre, s'y rapportant exclusivement, de trop frappantes analogies pour qu'il n'y ait entre elles qu'un simple accord fortuit.

Il est donc permis de considérer comme l'interprétation la plus probable celle qui attribue aux prédictions des prophètes et à celles de Jésus-Christ une

---

(1) *Adveniet dies Domini ut fur, in quo cœli magno impetu transient*, elementa vero calore solventur, *terra autem et quæ in ipsa sunt opera exurentur,... per quem cœli ardentes solventur, et elementa ignis ardore tabescent.* Ibid., 10, 12.

signification double : signification allégorique ou symbolique concernant les événements prochains ; sens direct, sinon littéral, se rapportant aux faits lointains de la fin des temps.

Telle est l'opinion d'un théologien de mérite, feu M. l'abbé Thomas, vicaire général de Verdun, dans un remarquable ouvrage déjà cité au commencement de cette étude, et qui nous a servi de guide dans toute la partie scripturaire et interprétative des présentes pages (1).

Au surplus, l'interprétation contraire, celle que donne le savant P. Corluy dans le *Dictionnaire apologétique* de M. l'abbé Jaugey (2), fût-elle la seule admise, nous n'en serions point gênés dans le rapprochement que nous allons tenter d'établir entre les phénomènes futurs que la science contemporaine regarde comme certains, probables ou possibles, et les données plus ou moins sommaires que nous fournissent les saintes Ecritures sur l'origine et la fin du monde.

(1) Voir aussi, du même auteur, *La fin du monde*, dans la présente collection. 1898, Bloud et Barral.

(2) *Vide suprà.* — L'auteur, d'ailleurs, résume ainsi ses conclusions : « La prophétie du Sauveur s'est accomplie entièrement au sens littéral du vivant de la génération contemporaine de Jésus ; elle doit s'accomplir dans son sens typique lors de la catastrophe finale du monde présent. Alors, sans doute, les ébranlements des vertus célestes se produiront, non plus en figure, mais dans leur épouvantable réalité ; alors le Fils de l'homme, visible cette fois dans son corps glorieux, descendra sur les nuées pour juger toutes les nations de la terre. » Il ne nous en faut pas davantage pour justifier ce qui va suivre.

CHAPITRE III

LES DONNÉES SCIENTIFIQUES EN REGARD
DES TEXTES SACRÉS

Et d'abord, en ce qui concerne l'origine de l'univers, si d'une part la Bible débute en nous apprenant que cet univers a été créé *ex nihilo* par la parole de Dieu, *au commencement* de toutes choses, *in principio*, la science arrive, en notre siècle, nous l'avons vu, à constater, de par les progrès de son évolution, que ce même univers n'a pas toujours existé, qu'il a eu un commencement, un point de départ, antérieurement auquel il n'existait rien, au moins rien d'organisé, rien en dehors d'une nébuleuse vague rare, *solitudo et inanitus*. C'est ce qui a été indiqué à la première partie de cette étude.

De même pour l'origine de la vie. Il ressort du mode de formation suivant la théorie scientifique la plus plausible, la plus probable et la plus universellement admise, que la vie n'y a pas toujours été possible, qu'elle n'a pu faire apparition sur notre globe qu'à un stade relativement avancé de son développement, lorsque sa température, suffisamment abaissée, est devenue compatible avec la constitution des organismes. La vie a donc eu un commencement, un commencement distinct du commencement de l'univers et longuement postérieur à lui. Sur ce point l'unanimité est complète. Elle cesse, il est vrai, quand il s'agit d'expliquer ce commencement, et nous avons vu que l'un des grands pontifes de la science matérialiste, le fameux professeur Hæckel, ne recule pas devant une affirmation qui est à la fois une contre-vérité scientifique et une absurdité métaphysique, afin d'échapper à ce qu'il appelle le miracle, qui, affirme-t-il, est inéluctable sans cela. Encore n'y échappe-t-il pas autant qu'il le croit. Ses *monères*, germes primordiaux de tous les organismes ultérieurs, formés aux dépens de la matière inorganique, n'ont pu dériver de celle-ci sans une impulsion spéciale et étrangère à elle, puisqu'elle ne renferme en elle aucun principe de vie. Dès lors l'apparition de ces *monères*, de ces *amibes*, de ces *plastides*, ne s'éloigne guère de *germinet terro herbam...*, de *producant aquœ reptile et volatile...*, *producat terra animam viventem.* Il est vrai que M. Hæckel soutient que monères, amibes et plastides se sont formées par le jeu fortuit des molécules inorganiques et sans aucune cause extérieure ; mais affirmer n'est pas prouver, et la science expérimentale de nos jours donne à une telle assertion le plus éclatant démenti.

Voici donc un premier point où un parfait accord existe entre les déductions de la science contemporaine et l'enseignement du Livre inspiré : l'univers n'a pas toujours existé, il a eu un commencement ; la vie pareillement n'a pas toujours existé, elle n'est apparue sur notre globe qu'à un moment relativement avancé de sa formation.

La science va plus loin. Nous avons vu que, par des déductions mathématiques plus ou moins rigoureuses, elle conclut, dans un avenir, à la vérité, d'une durée incalculable, à l'extinction totale de l'univers, — longtemps auparavant, à l'extinction du Soleil devenant de la sorte impuissant à entretenir la vie sur notre terre glacée et sans lumière — longtemps auparavant encore, à la cessation de la vie supérieure par suite de l'usure graduelle, sous l'action des eaux, des continents et des terres émergées de leur ravalement au niveau des océans (1).

En cela encore, et au moins comme donnée générale, l'accord se rencontre entre les conclusions de la science et l'enseignement de la foi : le monde et la vie, qui ont eu un commencement, ne sont pas destinés à durer toujours ; ils auront aussi une fin.

A la vérité, l'accord semble cesser sitôt qu'on descend dans le détail. En effet, d'après les prévisions de la science, la cessation de la vie sur la terre, l'extinction du Soleil, finalement la réduction de l'univers à cet état limite et d'équilibre à tout jamais stable, sorte de contre-chaos formé de l'épuisement de toutes les énergies qui existaient en puissance dans

(1) Une autre théorie entrevoit la cessation de la vie sur notre globe antérieurement à l'extinction du Soleil, par une voie opposée, par la voie du dessèchement. L'écorce terrestre, au fur et à mesure de son épaississement aux dépens du noyau igné, absorberait, boirait peu à peu l'eau des océans, et cette absorption des eaux s'opèrerait sans doute avec plus de rapidité que l'usure des continents par leurs érosions. Il arriverait ainsi un moment où la surface des mers, très abaissée et partant très diminuée, ne fournirait plus à l'évaporation une quantité d'humidité suffisante pour alimenter les pluies et les glaciers ; de là, tarissement graduel des rivières et des fleuves, sécheresse croissante sur un sol qu'aucune fraîcheur ne protégerait plus contre les ardeurs incessantes du Soleil, dépérissement, puis cessation de toute végétation, finalement, toute vie rendue impossible. — La Lune, telle que les observations les plus multipliées et les plus minutieuses nous la révèlent, nous représenterait un petit monde ayant absorbé toute son eau et son atmosphère.

Quoi qu'il en soit, par la sécheresse ou par l'inondation, la vie, à un moment donné, doit disparaître de la surface du globe. On peut, à la vérité, concevoir une marche parallèle de l'absorption des eaux par le fond des mers et de l'usure des continents par les eaux. La possibilité du maintien de la vie en serait assurément prolongée, puisque, à mesure que le relief des terres émergées diminuerait, la surface des mers s'abaisserait dans la même proportion ; mais cette prolongation n'aurait qu'un temps, et la sécheresse absolue finirait tôt ou tard par l'emporter lorsque l'absorption des océans serait complète, si toutefois l'abaissement de la température résultant du refroidissement du Soleil lui-même n'amenait auparavant la cessation de la vie par le froid et l'insuffisance de lumière.

le chaos initial, tout cela ne doit se réaliser que gra-
duellement, successivement, pour n'être pleinement
accompli que dans un avenir tellement lointain qu'il
dépasse les bornes mêmes de notre imagination.

On ne voit guère comment ce'te extinction graduelle de l'univers en une succession de durées sup-
putables seulement par milliers de siècles pourrait se
concilier avec les cataclysmes ignés prédits par le premier chef temporel de l'Eglise. Il nous souvient même
d'une querelle cherchée jadis par feu le zélé et savant abbé Moigno, au non moins orthodoxe et non
moins savant A. de Lapparent, à l'occasion d'un
passage final du *Traité de Géologie*, passage reproduit aux premières pages de cette étude, et dans
lequel il est dit que la vie peut cesser sur la terre du
fait du refroidissement du Soleil préparant son extinction totale.

C'était dans la revue hebdomadaire *Les Mondes*
(aujourd'hui remplacée par le *Cosmos*), du 24 février
1883. L'excellent abbé Moigno, homme d'une incon-
testable et très grande science, mais dont le zèle et
l'ardeur pour la défense de la Foi forçaient parfois
quelque peu le jugement, s'écriait indigné : « Quoi !
le Soleil, la Terre et par conséquent les étoiles, qui
sont des soleils semblables au nôtre, les planètes,
tous les astres du firmament, ne seront plus un jour
que des globes froids, desséchés, encombrant de leur
aridité, de leur obscurité et de leur silence de mort
l'immensité des cieux ! Ce serait là le dernier mot
de la science cosmogonique ! — Comment M. de
Lapparent, catholique fidèle, a-t-il pu former ces
conclusions, quand, comme moi, il entend la voix
la plus autorisée de toutes les voix, la voix de saint
Pierre, nous crier : « Les cieux et la terre passeront,
« les éléments seront dissous, la terre actuelle et

« tout ce qui est en elle sera consumé par le feu...
« Les cieux embrasés seront dissous et les éléments
« fondus par l'ardeur du feu... Nous attendons de
« nouveaux cieux et une terre nouvelle. »

Suit une longue tirade pour incriminer le professeur à l'Institut catholique de Paris de la réserve très sage et très prudente dans laquelle il a eu soin de se maintenir, et qui consiste à ne pas mêler à tout propos l'Ecriture sainte et la Révélation aux recherches purement scientifiques. Le Recteur de l'Institut catholique et le savant incriminé répondirent comme il convenait à cette attaque aussi peu juste que mal fondée. Mais d'une manière générale, on peut, pensons-nous, répondre comme il suit aux personnes zélées qui croiraient devoir adopter la voie préconisée par l'abbé Moigno et chercher dans les textes sacrés des données scientifiques :

Premièrement, comme le disait le très regretté Mgr d'Hulst à son vénérable contradicteur, « la foi est immobile, la science est changeante parce qu'elle n'est jamais qu'une vérité partielle. A mesure qu'elle varie ses données, qu'elle transforme ses théories, l'apologiste la prend au point où elle est, la compare à la doctrine révélée, et constate qu'aujourd'hui comme hier il n'y a pas d'opposition entre l'une et l'autre. Pour que cet accord apparaisse, il suffit que le savant soit sincère et ne fausse pas la science de parti pris pour la tourner contre la foi. Plus le savant s'enfermera dans l'usage exclusif de ses méthodes, *sans souci d'autre chose*, moins son témoignage sera suspect » (1).

« Sans souci d'autre chose » est d'autant plus à propos que, comme l'a dit dans la chaire de Notre-

(1) *Les Mondes* du 10 mars 1883. Lettre de Mgr d'Hulst, recteur de l'Institut catholique de Paris.

Dame le R. P. Monsabré (1), comme l'avait expri-
mé feu le savant abbé Bourgeois à l'occasion de ses
illusions sur le prétendu homme tertiaire, peu importe que, dans la recherche de la vérité scientifique,
il se présente incidemment quelque détail qui semble
difficilement conciliable ou même en opposition
avec tel ou tel texte des Livres sacrés. Parce que de
deux choses l'une : ou les progrès ultérieurs de la
science ne laisseront pas subsister le fait difficul-
tueux, ou, au contraire, ils le confirmeront et en éta-
bliront la certitude ; et alors une interprétation nouvelle soit du fait lui-même, soit du texte sacré serré
de plus près, fera évanouir une contradiction qui ne
saurait jamais être qu'apparente. La première alter-
native s'est réalisée pour le trop fameux homme tertiaire du savant abbé Bourgeois, à peu près unani-
mement abandonné aujourd'hui ; la seconde se vérifie,
sinon tous les jours, au moins d'une manière assez
fréquente.

Au cas qui nous occupe, et c'est sur ce second
point qu'il y a lieu d'insister, le savant enfermé
« dans l'usage exclusif de ses méthodes sans souci
d'autre chose » peut répondre à des reproches analogues à celui qui était adressé à l'auteur du
Traité de Géologie, par les considérations suivantes :

« Dans le champ des recherches scientifiques,
nous raisonnons sur l'observation des faits ; et quand
nous avons reconnu et déterminé les lois suivant
l'enchaînement desquelles les faits se produisent et
se succèdent, nous concluons logiquement de ce
qui s'est passé et de ce qui se passe à ce qui, suivant l'ordonnance de ces lois, se passera dans
l'avenir. Nous n'avons pas à rechercher, à ce

(1) Carême de 1875 ; *passim*, et péroraison de la XIIIᵉ conférence.

point de vue, si Dieu, dans une pensée et dans un but d'ailleurs étrangers à l'étude des sciences, a annoncé, par la voie de la révélation, l'intervention, à un moment donné, de phénomènes soit miraculeux, soit simplement en dehors de la marche ordinaire de la nature telle que nous sommes en mesure de l'observer. Supposant, — parce que nous n'avons pas de motif scientifique de supposer autre chose, — supposant que la marche des faits naturels continuera à suivre son cours comme elle l'a toujours suivi jusqu'ici, nous en déduisons ce qui devra arriver par la suite. Et cela ne constitue en rien une contradiction à ce que l'Ecriture sainte peut prédire; parce que, de même que Dieu est intervenu à l'origine pour donner l'être à l'univers, de même il peut intervenir de nouveau, au temps marqué dans ses décrets impénétrables, pour changer l'ordre de la nature, détruire violemment ce qui existe et, s'il le juge à propos, renouveler le vieux monde ou même créer un monde nouveau. Mais ceci est en dehors du domaine de la science, dont nous avons le droit de ne pas sortir; y restant, nous continuerons à déduire, des faits observés et constatés, le cours régulier et normal de la nature. »

On ne sache pas qu'un tel langage puisse laisser prise au moindre reproche devant la plus sévère orthodoxie. En effet, « l'accord de la science et de la foi — c'est encore Mgr d'Hulst qui parle (1) — peut être positif ou négatif : positif, si la foi inspire la science ; négatif, si l'on se borne à montrer qu'il n'y a pas d'antagonisme. L'accord négatif suffit à l'apologétique ». Nous nous permettrons d'ajouter que cet accord négatif ainsi défini lui est même préféra-

(1) *Loc. cit.*

ble ; en effet, le but des saints Livres *n'étant jamais* l'enseignement des sciences, ceux des faits et récits présentés ou racontés par eux pouvant tomber sous l'examen de celles-ci sont exprimés dans une langue qui n'a rien de technique, mais qui est avant tout accommodée aux habitudes d'esprit et de langage des sociétés au sein desquelles ils ont été rédigés. D'où il suit que, voulant chercher en eux, comme le prétendait le bon abbé Moigno (1), des données et des points de départ pour la science, on risquerait de leur faire dire tout autre chose que ce que leurs auteurs ont voulu dire, et de les compromettre ensuite en les rendant en quelque sorte solidaires des erreurs scientifiques dans lesquelles on aurait pu tomber.

Dans l'éventualité que nous envisageons, nul désaccord ne résulte du fait de prévoir l'extinction graduelle de la vie sur la terre par l'eau, par la sécheresse ou par le froid ; car cette prévision est établie d'après l'ordre naturel et ordinaire des faits suivant les lois constatées, tandis que les prédictions de saint Pierre annonçant une fin violente supposent ou, mieux encore, révèlent une intervention spéciale du Créateur en dehors de cet ordre ordinaire et de ces lois naturelles.

(1) Plus récemment, il a été publié, par les soins pieux d'un dévouement fraternel, un ouvrage posthume d'un zélé missionnaire, Jean-Baptiste Aubry, qui, poussant le système plus loin que feu l'abbé Moigno lui-même, prétendait faire des textes de la Bible et de la théologie la base des recherches scientifiques dans tous les ordres des connaissances humaines (Cf. *Quelques idées sur la théorie catholique des sciences*, par J.-B. Aubry, 1894, chez M. Augustin Aubry, frère de l'auteur, curé de Dreslincourt (Oise). C'est là une erreur évidente, et même une erreur dangereuse : en voulant faire jouer à la théologie et à l'Écriture sainte un rôle qui n'est pas le leur, on s'expose à les compromettre dans toutes les erreurs dans lesquelles la science humaine peut tomber.

Mais il est possible de faire faire à cet accord négatif un pas de plus, en montrant que, en dehors des déductions légitimes de la science partant des faits connus pour en conclure logiquement les phénomènes futurs, il est des conjectures qu'elle ne propose point sans doute, mais qu'elle ne repousse pas non plus, qu'elle accepte même comme de simples possibles, et qui donneraient à l'accord dont nous parlons un caractère plus saisissant, plus marqué, presque direct sinon positif au sens défini ci-dessus.

Cette possibilité résulte notamment, on l'a déjà deviné, des hypothèses indiquées dans la première partie de ce travail, sur la rencontre éventuelle de notre sphéroïde ou seulement de notre Soleil avec quelque objet sidéral ou cosmique, capable de provoquer une élévation brusque et violente de la température, vaporisant les mers, enflammant les continents et l'atmosphère elle-même, et réalisant ainsi les paroles du Prince des Apôtres : *Elementa calore solventur... cœli ardentes solcentur, et elementa ignis ardore tabescent.* Les étoiles temporaires qui surgissent tout à coup dans les profondeurs du firmament, augmentent rapidement d'éclat, puis décroissent et finissent par disparaître, nous donnent le spectacle d'incendies sidéraux qu'il n'est point interdit de comparer à ce que pourrait être l'incendie de notre séjour terrestre d'après les prédictions de saint Pierre.

Que notre globe vienne à rencontrer, par le noyau, quelque comète comparable à celle de 1811, et dans les conditions indiquées plus haut, ou bien quelque nuée cosmique, quelque masse nébulaire errante, que va-t-il se passer ? Ce sera d'abord, par l'attraction exercée sur les particules les plus ténues, une

averse de ces météores comme on n'en aura jamais
vu, *cadent de cœlo stellæ* (1) ; puis une ébullition
bruyante avec évaporation en nuages épais des
eaux de la mer, des lacs et des fleuves, *præ confusione sonitus maris et fluctuum* (2), interceptant
plus ou moins complètement la lumière du soleil
et de la lune, *sol obscurabitur et luna non dabit
lumen suum...* (3) ; *sol convertetur in tenebras
et luna in sanguinem* (4) ; la température continuant
à s'élever par suite du frottement incessant et éner-
gique de notre globe contre la matière cométaire ou
nébulaire, il finirait par prendre feu lui-même
dans son atmosphère et sur ses continents desséchés, calcinés. Ce serait alors le « jour dans lequel
les cieux passeront avec une grande impétuosité
(magno impetu), les éléments seront dissous par la
chaleur, et la terre sera brûlée avec tout ce qu'elle
contient, où les cieux embrasés *(ardentes)* seront
dissous et les éléments consumés par l'ardeur du
feu » (5).

Des effets analogues résulteraient encore soit du
choc de la Terre contre quelque bolide gigantesque
d'une masse comparable à la sienne sinon égale, par
suite du prodigieux développement de la chaleur qui
s'ensuivrait, soit de la chute d'un corps de semblable
importance dans le Soleil lui-même, soit du rapprochement extrême de ce dernier avec quelqu'un de ses
pareils. Et dans ces diverses hypothèses, le mouvement de notre sphéroïde sur son orbite, comme celui

(1) *Matth.*, xxiv, 29 ; *Marc.*, xiii, 25.
(2) *Luc.*, xxi, 25.
(3) *Matth.*, *l. c.*
(4) *Io.*, ii, 31 ; *Act. Apost.*, ii, 20.
(5) II *Petr.*, iii, 10, 12.

des autres planètes sur leurs trajectoires respectives,
serait plus ou moins profondément modifié : « J'é-
branlerai le ciel même, la terre sera changée de
place », a dit le prophète (1). « A la face du Seigneur, la terre a tremblé, les cieux ont été ébranlés (2). » « Les forces cosmiques, *virtutes cœlorum,
virtutes quæ in cœlis sunt*, seront ébranlées, *commovebuntur* (3). Le ciel s'est replié comme un livre
qui s'enroule ; les montagnes et les îles ont été se-
couées sur leur base (4). »

Mais même, sans aller chercher si loin les causes
naturelles des perturbations prédites, notre planète
porte en elle des ressources suffisantes pour les produire au moment fixé par les décrets éternels. « La
fumée d'un vaste incendie, écrit M. l'abbé Thomas, les
pluies de cendres vomies par un volcan en éruption,
des vapeurs épaisses émanées du sol, suffisent à in-
tercepter les rayons du Soleil et à produire le même
effet que si cet astre avait perdu son éclat intrin-
sèque. Or, c'est précisément à l'approche du dernier jour que ces phénomènes, et d'autres du même
genre se produiront avec plus de fréquence et d'in-
tensité (5). »

Une preuve de ce qu'avance l'auteur de : *Le
Règne du Christ et les derniers temps*, a été fournie,
il y a quelques années, par la fameuse éruption vol-
canique de l'île de Krakatoa, dans le détroit de la
Sonde, entre Java et Sumatra, éruption commencée
le 20 mai 1883 et qui eut son apogée le 27 août.

(1) *Is.*, xiii, 13.

(2) *Io.*, ii, 10.

(3) *Matth.*, *l. c.* ; *Marc*, xiii, 25 ; *Luc*. xxi, 26.

(4) *Et cœlum recessit sicut liber involutus ; et omnis mons et
insulœ de locis suis motœ sunt.* Apoc., vi, 14.

(5) *Le Règne du Christ*, p. 301.

« Lors de ce cataclysme, dit M. Daubrée, la prodigieuse abondance des menus matériaux qui ont été apportés au jour était telle que le ciel en était obscurci. Un des témoins en rend compte en ces termes : Le soleil était au dessus de notre tête, pas la plus petite lueur dans le ciel, pas la plus petite trace lumineuse diffuse à l'horizon, et cette affreuse nuit a duré 18 heures. Le navire *London* se trouvait condamné à rester sur place, devant le péril qui l'attendait (1) ». « A midi, ajoute un autre témoin, les ténèbres sont si profondes qu'on se parle sans même se voir sur le pont du navire (2). »

On n'a pas oublié les énormes désastres causés par cette catastrophe : la moitié de l'île de Krakatoa, d'une longueur de huit kilomètres sur cinq de largeur, ensevelie sous les flots, l'étendue de la petite île voisine de Verlaten triplée, le fond de la mer entièrement bouleversé entre ces îles et celle de Sebesie située plus au nord, à la suite d'un soulèvement momentané qui, lançant la mer par-dessus les rivages de la côte occidentale de Java, en balaya les villes et les villages, et ne se retira qu'après avoir apporté la mort à 20 000 habitants. Si forte fut la puissance de ce flot gigantesque, que ses ondulations paraissent s'être fait sentir jusque sur les côtes d'Amérique ; et les plus subtils des matériaux, projetés dans les airs par l'éruption, ont persisté dans les hauteurs de l'atmosphère à l'état de poussières impalpables au point d'y produire pendant tout l'hiver suivant, en répercutant les rayons du soleil descendu au-dessous de l'horizon, des

---

(1) Daubrée. *Comptes rendus*, t. XCVI, p. 1100, 1883. Cité par le *Cosmos* du 11 mars 1893, p. 470.

(2) J. Thirion, *Les Illuminations crépusculaires*, Rev. des Quest. scient., avril 1884, t. XV, p. 467.

lueurs rougeâtres qui illuminaient, chaque jour, une partie de la soirée (1).

Supposé maintenant que, à un moment donné, au lieu d'une seule et isolée éruption de cette violence, le même phénomène se produise simultanément sur les 323 volcans actuellement actifs qui, d'après le professeur Fuchs, sont répartis sur la sphère (2) ; que les nombreux volcans éteints dont les cratères existent encore viennent à s'éveiller et à joindre leur voix titanesque, leurs déjections embrasées, leurs trépidations et leurs ébranlements à ceux des premiers ; est-ce qu'il n'y aurait pas là de quoi amener des commotions suffisantes pour réaliser toutes les catastrophes qu'un esprit pénétrant peut pressentir en méditant les termes des prédictions scripturaires ? Est-ce qu'il ne serait pas exact alors de dire que la terre est ébranlée dans ses fondements ? Ne pourrait-elle subir des secousses capables de modifier la direction de sa course ? Aux yeux des hommes témoins de ces cataclysmes, l'aspect des cieux ne serait-il pas changé, les astres ne perdraient-ils pas leur lumière après avoir, par des effets de réfraction ou d'autres, affecté la couleur de sang, ne serait-ce point partout « feu et sang, vapeurs et fumées ? » (3)

Que vienne à cela s'adjoindre, comme le suppose M. l'abbé Thomas, « une pluie d'aérolithes enflammés tombant sur la terre, de globes de feu lancés par la foudre, sans compter la rencontre possible d'une ou plusieurs comètes ; d'aussi étranges phénomènes, si propres à inspirer la terreur, peuvent

---

(1) *Ibid.*, p. 461 et suiv.

(2) K. Fuchs, professeur à l'Université de Heidelberg : *Les volcans et les tremblements de terre*, p. 33. Paris, Germer-Baillière.

(3) *Sanguinem et ignem, et vaporem fumi.* Joël., II, 30 ; *Act. Apost.*, II, 19.

bien donner lieu de croire que le ciel et la terre sont
secoués jusque dans leurs fondements ». D'ailleurs
le savant apologiste veut qu'on fasse en tout cela la
part de la métaphore dont il ne faudrait pas d'ailleurs, dit-il, presser outre mesure l'application (1).

CHAPITRE IV

CONVENANCES DE CES RAPPROCHEMENTS. — OBJECTIONS ET RÉPONSES

L'application que nous avons, dans les pages qui
précèdent, essayé de faire des textes eschatologiques
aux connaissances et aux légitimes présomptions
scientifiques de notre temps, ou, plus exactement, de
celles-ci à ceux-là, est-elle définitive ? Assurément
non. Elle ne saurait l'être, et ne le sera jamais d'une
manière absolue : la science humaine, qui tend à la
vérité, trouvera toujours devant elle d'autant plus
de vérités nouvelles à découvrir qu'elle en aura
antérieurement découvert davantage, sans jamais
pour cela arriver à la vérité totale. Les enseigne-
ments de la foi sont, au contraire, absolus de leur
nature, mais restreints et exprimés dans un langage
dont l'interprétation, sans rien changer à ce qu'ils
ont de fondamental et d'essentiel, peut varier dans les
détails accessoires. Le rôle de l'apologiste est de
suivre, pas à pas en quelque sorte, la marche en
avant de la science, de comparer les faits et les lois
qu'elle constate avec les textes scripturaires pouvant
se rapporter aux mêmes objets, et de montrer qu'en

(1) Abbé Thomas, loc. cit., p. 302.

aucun cas il n'y a incompatibilité, irréductibilité entre les uns et les autres.

Bien mal fondée est, croyons-nous, l'opinion de ceux qui estiment un tel travail « ingrat, inutile et dangereux ». Ingrat, disent-ils, « parce qu'il est toujours à recommencer pour adapter les vérités de la foi avec les nouvelles conceptions scientifiques ; inutile, puisqu'il n'a pas d'action sur les esprits ; dangereux, parce qu'il est sujet au reproche de défendre des vérités révélées qu'il faut adopter chaque fois qu'il se produit un progrès dans nos connaissances touchant le monde physique » (1).

Il y a ici, croyons-nous, confusion, en même temps que méconnaissance complète du rôle de l'apologétique. Il ne s'agit pas, en effet, *d'adapter les vérités de la foi aux conceptions scientifiques*, mais bien au contraire de faire voir, à propos de telle ou telle conception plausible, vraisemblable, ne choquant point les lois de la logique et de la saine raison, que cette conception ne contredit point la vérité révélée, et n'est pas contredite par elle. Le reproche que ce travail est toujours à recommencer n'en est pas un, car il s'appliquerait à toutes les connaissances humaines, lesquelles sont elles-mêmes toujours à recommencer, en ce sens que chaque progrès en avant, chaque conquête nouvelle, oblige à rectifier, modifier, parfois abandonner entièrement des théories qui avaient eu pleine raison d'être avec une science moins avancée, et qui doivent ensuite céder le pas à des théories plus parfaites. Bien loin d'être sans action sur les esprits, la démonstration de la non-opposition, de la non-incompatibilité, autrement dit de l'*accord négatif* défini plus haut, est au con-

---

(1) D' Tison, *Rev. du monde cathol.*, de janvier 1893, p. 166.

traire des plus convaincantes pour les cœurs droits, les âmes sincères qui recherchent la lumière sans hostilité et sans parti pris. On comprend encore moins le reproche qu'il faille « adopter des vérités révélées chaque fois qu'il se produit un progrès dans nos connaissances ». Les vérités révélées sont adoptées une fois pour toutes par les catholiques ; il ne s'agit donc pas de les adopter chaque fois qu'il se produit un progrès dans les sciences physiques ; il ne s'agit même pas de les *adapter* à ce progrès, mais simplement de montrer, comme il vient d'être dit, que ce progrès ne les entame point, ne les contredit point ou ne les intéresse point.

S'il fallait attendre, pour faire de l'exégèse au point de vue des sciences physiques et naturelles, « que la science fût définitivement établie », et que l'Eglise eût « interprété scientifiquement les livres saints », comme le voudraient quelques-uns, il serait plus bref de dire qu'il faut s'en abstenir à tout jamais et prohiber purement et simplement cette forme de l'exégèse ; car, d'une part, il y aura toujours des points où la science ne sera pas définitivement établie, et, d'autre part, il n'est pas probable que l'Eglise assume jamais la tâche d'interpréter scientifiquement tous les textes sacrés. L'Eglise n'intervient qu'avec mesure et prudence, et ne procède aux définitions dogmatiques qu'avec une extrême réserve et pour les plus graves motifs.

Cependant, alors que tous les jours nos croyances les plus fondamentales sont attaquées, combattues, sapées au nom de la science, soit à l'aide de théories controuvées et d'hypothèses gratuites, soit par fausse interprétation ou application de faits vrais, mais perfidement présentés, il faudrait s'abstenir, rester les bras croisés en face de l'ennemi, sous prétexte que,

dans un avenir plus ou moins éloigné, les progrès
mêmes de la science auront réduit à néant les prétextes des attaques actuelles ! Mais quand cet avenir se sera réalisé, de nouveaux prétextes surgiront,
l'erreur n'est jamais embarrassée pour en trouver : il
faudra donc alors continuer à se croiser les bras,
toujours pour le même motif ? Avec un tel système,
l'erreur, la négation auraient seules la parole, et la
cause de la vérité ne serait jamais défendue sur le
terrain scientifique.

Professant une opinion toute contraire, il nous a
paru qu'il n'était pas inutile de montrer une fois de
plus, à l'occasion des prédictions de l'Ecriture concernant la fin des temps, que les prévisions et les
conjectures que la science de nos jours peut légiti-
mement concevoir, à plus forte raison les conclusions qu'elle déduit avec certitude, n'ont rien qui
contredise les textes sacrés ; qu'au contraire une
certaine harmonie semble déjà s'établir des unes aux
autres, harmonie qui ne pourra que se compléter et
grandir de plus en plus, à mesure que la science
franchira de nouvelles étapes dans la connaissance
des lois de la nature.

Qu'il nous soit permis, maintenant, d'aller au-de-
vant de quelques objections relatives aux causes
possibles, dans l'ordre naturel, d'une terminaison
brusque et violente de notre monde, telle que nous
avons essayé de la faire pressentir.

Comment concilier cette fin partielle de l'univers
qui intéresserait seulement notre sphéroïde, tout au
plus l'ensemble de notre système solaire, avec la
réalisation de cet état limité vers lequel, ainsi qu'il
a été dit au paragraphe 1er, se dirige l'ensemble de
l'univers ? Plus celui-ci s'en approche, plus, dit Clausius, « les occasions de nouveaux changements dis-

paraissent ; et si cet état se réalisait enfin, aucun changement n'aurait lieu et l'univers se trouverait dans un état de mort persistante. Bien qu'actuellement il en soit très éloigné, et bien qu'il s'en approche avec une lenteur excessive, — car nos périodes historiques sont de courts intervalles auprès des périodes immenses dont l'univers a besoin pour effectuer d'une manière successive ses moindres transformations, — il y a une conséquence importante qui subsiste toujours, c'est qu'on a trouvé une loi naturelle qui permet de conclure d'une manière certaine que, dans l'univers, tout n'a pas un cours circulaire, mais que des modifications ont lieu dans un sens déterminé, et tendent à amener un état limite (1) ». Or, d'après les princes de la science d'aujourd'hui, cet état de mort résulterait de la transformation de l'énergie de l'univers, tant potentielle que visible, c'est-à-dire des forces virtuelles et des mouvements apparents qui y existent, en énergie vibratoire, autrement dit en chaleur.

N'y a-t-il pas là plusieurs contradictions ? Contradiction avec les textes scripturaires qui, d'une part, annoncent des cataclysmes brusques et violents pouvant d'ailleurs, d'après la science, n'affecter qu'une portion relativement infime de l'univers, et, de l'autre, une sorte de régénération de ce même univers prédite successivement par Isaïe (2), saint Paul (3), saint Pierre (4) et saint Jean (5) ? Contra-

---

(1) Rapport au *Congrès des naturalistes et médecins allemands*, session de Francfort-sur-le-Mein. Cité par le P. Carbonnelle dans les *Confins de la science et de la philosophie*, t. I, chap. v.

(2) *Is.*, LXV, 17. — LXVI, 22.

(3) *Paul., ad Ephes.*, I, 10.

(4) *Petr.*, IIᵉ Ep. III, 13.

(5) *Joan., Apocal.*, XXI, 1.

diction également entre les théories scientifiques
elles-mêmes, puisque les unes prévoient la mort de
l'univers par l'extinction des soleils et des étoiles,
c'est-à-dire par le froid, les autres au contraire par
la chaleur ?

Occupons-nous d'abord de la seconde objection :
elle n'est que spécieuse. Le bon abbé Moigno l'avait
déjà formulée dans sa véhémente apostrophe, lan-
cée à propos de la dernière page du *Traité de géologie*. Au Soleil, à la Terre, aux planètes et aux
étoiles réduits à des globes froids, obscurs et desséchés, il opposait « la science actuelle, celle des
Meyer, des Joule, des Tyndall, des Clausius, etc.,
etc. », laquelle « admet comme un dogme presque
certain, conséquence rigoureuse de la théorie dynamique de la chaleur, que la terre finira par le feu,
par la dissociation des éléments. » Et il ajoutait :
« Le savant professeur de l'Institut catholique sait
tout cela, et tout cela ne l'a pas empêché de glisser
vers les conjectures aventureuses du XVIIIᵉ siècle qui
faisaient finir le monde et les mondes par le froid
ou la siccité (1). »

Eh, sans doute, « le savant professeur à l'Institut
catholique savait tout cela » ; mais il savait aussi
que, normalement, les conséquences cosmiques de
la théorie dynamique de la chaleur ne doivent et ne
peuvent produire la plénitude de leurs effets qu'en
des durées incomparablement plus longues que celles
qui doivent amener l'encroûtement graduel de la su-
perficie solaire. Si l'on suppose définitivement consommée l'extinction complète de toutes les étoiles,
ces soleils comparables ou supérieurs au nôtre, la
chaleur qu'elles auront, auparavant et durant tant

(1) *Les Mondes* du 24 février 1883, pp. 283 et 286.

de millions ou de milliards de siècles, rayonné dans l'espace, n'aura pas disparu, elle se sera seulement répartie d'une manière différente. Sans doute il se peut que, après ces durées incalculables, les révolutions des astres éteints se trouvent modifiées, qu'ils arrivent à s'entre-choquer les uns les autres et à produire ainsi des températures capables de dissocier leurs molécules dans de gigantesques, d'immenses conflagrations. Mais il se peut aussi, c'est le savant et regretté P. Carbonnelle qui en a fait la remarque (1), il se peut aussi que, même dans l'état limite dont il a été parlé, des portions de l'énergie visible échappent éternellement au changement. Il n'est pas nécessaire, en effet, pour concevoir cet état, « de se représenter l'univers comme une masse d'une température uniforme dans laquelle ne se produiraient plus que des mouvements vibratoires. Si, par exemple, les corps célestes ne sont pas soumis au frottement dans l'éther, si leurs révolutions sont tellement équilibrées qu'un certain nombre d'entre eux ne doivent jamais arriver à s'entre-choquer, on ne voit pas ce qui pourrait amener la conversion de leur énergie visible en calorifique. Mais il reste toujours vrai qu'un état où aucune conversion de ce genre ne peut se produire n'est comparable qu'à la mort ; or, c'est vers un tel état que l'univers marche sans cesse. On peut donc dire qu'en naissant il a été comme nous condamné à mourir, que la sentence s'accomplit lentement sous nos yeux » (2).

(1) *Loc. cit.*, p. 330.

(2) *Loc. cit.* — Ajoutons que, de même que chacun de nous, destiné à mourir naturellement de vieillesse à un âge avancé, peut aussi mourir accidentellement à une période quelconque de la vie normale, de même notre monde, ou même l'univers entier peut finir plus tôt que ne le comporte sa marche régulière vers

En attendant que cet état limite, cet état d'équilibre stable comparable à la mort physiologique et
qu'aucune force naturelle ne serait capable d'ébran-
ler, soit réalisé par tout l'univers, il y a largement .
le temps nécessaire pour que notre Soleil, passé du
commencement du déclin que manifestent aujour-
d'hui les taches observées à sa surface, à la période
de la décrépitude et finalement à l'extinction, n'en-
voie plus à la terre la somme de lumière et de chaleur nécessaire à l'entretien de la vie, même simplement végétale. Les prévisions des géologues sur le
sort particulier réservé à la Terre par le seul jeu des
forces naturelles auxquelles elle est plus spéciale-
ment soumise, n'ont donc rien d'incompatible avec
celles, d'ordre beaucoup plus général, sur l'état limite
vers lequel, par une marche insensible mais fatale,
se dirige l'univers.

Arrivons maintenant à la première difficulté.
Comment concilier, soit l'extinction graduelle et
lente de la vie sur le globe par arasement des continents, siccité, ou absence de chaleur et de lumière,
avec les prédictions annonçant une fin brusque et
violente par une série de cataclysmes où le feu joue-
rait le rôle principal ; soit cette fin elle-même, brusque, mais ne concernant que notre globe et la portion
de l'univers la plus voisine, portion infime relativement à l'ensemble, avec l'extinction générale de cet
ensemble ; soit enfin cette marche insensible, mais
fatale, vers l'état limite irrémédiablement fixé, avec
cette rénovation, régénération ou création nouvelle des
cieux et de la terre, annoncée par des textes formels ?

l'état limite d'équilibre final et à tout jamais stable. A cet égard,
il n'y a rien d'assuré ; mais ce qui est certain, scientifiquement
certain, c'est que tôt ou tard et d'une manière ou d'une autre,
notre monde, l'univers même tout entier, est destiné à périr.

Voici, en effet, comment s'exprime le prophète Isaïe :

« Voilà que je crée des cieux nouveaux et une terre nouvelle, et le passé sera oublié. Vous vous réjouirez et serez éternellement joyeux dans les choses que je crée, parce que je crée Jérusalem dans l'exaltation et son peuple dans la joie (1). »

« Comme les cieux nouveaux et la terre nouvelle que je fais subsister devant moi, dit le Seigneur, ainsi subsisteront votre race et votre nom (2). »

Ces cieux nouveaux et cette terre nouvelle sont également attestés par saint Jean, au chapitre XXI de l'Apocalypse, verset 1er :

« Et je vis un ciel nouveau et une terre nouvelle. Car le premier ciel et la première terre sont passés, et la mer n'est plus (3). »

Quant à saint Pierre, après avoir annoncé l'embrasement des cieux et la dissolution des éléments par le feu, comme on l'a rapporté dans le paragraphe 2, il ajoute :

« Mais nous attendons, selon la promesse du Seigneur, de nouveaux cieux et une nouvelle terre dans lesquels habitera la justice (4). »

Saint Paul fait également allusion à cette rénovation future des cieux et de la terre, au chapitre 1er de l'Epître au Ephésiens, verset 10 ; il y annonce la

---

(1) *Ecce enim creo cœlos novos et terram novam : et non erunt in memoria priora, et non ascendent super cor, sed gaudebitis et exultabitis usque in sempiternum in his quæ ego creo Jerusalem exultationem, et populum ejus gaudium.* Is., LXV, 17, 18.

(2) *Quia sicut cœli novi et terra nova quæ ego facio stare coram me, dicit Dominus, sic stabit semen vestrum et nomen vestrum.* Is., LXVI, 2.

(3) *Et vidi cœlum novum et terram novam. Primum enim cœlum et prima terra abiit, et mare jam non est.* Apoc., XXI, 1.

(4) *Novos vero cœlos et novam terram secundum promissa Ipsius expectamus, in quibus justitia habitat.* II Petr., III, 13.

volonté de Dieu de restaurer dans le Christ, lors de l'accomplissement de la plénitude des temps, *tout ce qui est dans les cieux et tout ce qui est sur la terre* (1).

Si large que soit la part faite au symbolisme, il est bien difficile de ne voir, dans ces textes, que de simples allégories, surtout quand on les rapproche les uns des autres. Sans doute Isaïe s'adresse plus particulièrement au peuple juif; mais comment ne pas comprendre cette Jérusalem que Dieu crée dans l'exultation de la joie, comme une image transparente de la Jérusalem céleste, autrement dit du ciel après la fin des temps? Et quand, aux dernières lignes de son discours, le prophète revient encore sur ces nouveaux cieux et cette terre nouvelle que Dieu doit créer pour les faire subsister devant lui, *quæ ego facio stare coram me*, comment la pensée ne se reporterait-elle pas à cette éternité durant laquelle seront glorifiés la race et le nom du peuple fidèle ?

C'est bien ainsi que le comprend l'éminent exégète de notre temps, M. l'abbé Vigouroux. Dans ses annotations de la Bible de Glaire, il accompagne le verset 17, au chapitre LXV d'Isaïe, *Ecce enim creo cœlos novos*, etc., de cette sagace remarque : « Saint Jean décrit sous de semblables symboles le bonheur des élus. » (*Apocal.*, XXI, 1-4). Et en effet, l'apôtre, dans sa vision prophétique, *voit* ce ciel nouveau et cette terre nouvelle remplacer le premier ciel et la première terre. Que ce soit là, avant tout, le symbole du bonheur des élus, cela n'est pas douteux ; mais ce doit être en même temps l'expression d'une vérité directe et concrète, car, la résurrection géné-

---

(1) ... *Quod proposuit in eo, — in dispensatione plenitudinis temporum, instaurare omnia in Christo, quæ in cœli, et quæ in terra sunt, in Ipso.*

rale devant reconstituer, dans des conditions nouvelles, le composé humain chez tous les hommes, le
ciel sera localisé (1) ; n'est-ce pas, dès lors, au séjour des élus que fait allusion saint Jean ?

Cette interprétation est fortifiée encore par les
deux textes de saint Pierre et de saint Paul cités
tout à l'heure, de saint Pierre attendant les cieux
nouveaux et la nouvelle terre où régnera la justice,
de saint Paul annonçant la restauration dans le Christ
« de tout ce qui est dans les cieux et de tout ce qui
est sur la terre ».

S'il en est ainsi, — et nous ne croyons pas que
cela puisse être bien sérieusement contesté, — comment faire, je ne dirai pas pour « adapter » cette
plausible interprétation des textes « aux conceptions
scientifiques », mais bien pour établir que celles ci
ne viennent pas en opposition aux textes sacrés ?

Si, après la consommation des siècles, alors que
suivant l'expression de l'ange de l'Apocalypse, il n'y
aura plus de temps, *tempus non erit amplius* (2),
que le ciel aura été replié, enroulé comme les feuilles
d'un manuscrit, *et cœlum recessit sicut liber involutus* (3), une création nouvelle vient à surgir ; ou,
mieux encore, si l'ancien univers, après une violente commotion, est renouvelé et régénéré, que de-
vient l'état limite d'équilibre stable et définitif
annoncé par les savants ? Comment, d'autre part,
concevoir une fin de monde partielle, réduit à notre
petit monde subsolaire, alors que l'Ecriture parle de

(1) Il l'est même déjà, au moins pour Jésus-Christ en tant
qu'homme et pour la sainte Vierge, dont les résurrections ont
précédé celles des autres hommes. Cf. Jules Didiot, *Dictionnaire
apologétique* de Jaugey, art. *Ciel.*

(2) *Apoc.*, x, 6.

(3) *Ibid.*, vi, 14.

toutes choses, au ciel et sur la terre, *omnia quæ in cœlis et quæ in terra sunt, in Christo,* ce qui veut dire que, en et par le Christ, *tout* sera renouvelé au ciel et sur la terre ! Enfin, il ne saurait être question, en tout cela, de fin de notre monde par l'arasement des continents, par le dessèchement ou par le froid.

La réponse est facile et multiple. Elle a déjà été fournie en partie au paragraphe 3 de la présente étude, en réponse à la querelle qu'un zèle malencontreux avait fait chercher à un éminent géologue, et cette réponse partielle peut suffire à elle seule. Elle se résume en ceci :

La science prévoit ce qui peut ou doit arriver d'après ses propres données. Les prédictions de l'Écriture sainte se rapportant à une action spéciale de la toute-puissance divine, peuvent *supprimer* les conséquences prévues ; elles ne les contredisent pas.

Mais il y a autre chose à dire encore.

Il ne faut pas prendre toujours au pied de la lettre, dans les textes sacrés, les expressions hyperboliques que comportent le style, les habitudes de langage et les mœurs des sociétés contemporaines de leur rédaction.

« Les cieux et la terre », « *toutes choses* au ciel et sur la terre », ne comprennent pas nécessairement l'univers tout entier, autrement dit l'immensité des espaces sidéraux que peuplent des milliers et des millions d'étoiles. Personne n'ignore que l'aspect du ciel, pour nos yeux humains, est essentiellement subordonné à la position de la terre par rapport aux autres astres, ainsi qu'à ses conditions atmosphériques. Il suffirait de changements moindres même que ceux que l'on peut déduire des cataclysmes terrestres annoncés par saint Pierre, ou résultant, d'après les données de la science, d'une des rencontres pos-

sibles énumérées au début des présentes pages, pour
que l'aspect du ciel fût, par là-même, profondément
changé, et alors que rien n'eût été modifié au delà
des limites de notre système solaire.

Par conséquent la fin du monde pourrait arriver
dès à présent, tous les cataclysmes annoncés se
réaliser, par rapport à l'homme, dans la portion de
l'univers qui l'intéresse directement, et toutes les
prophéties s'accomplir intégralement, sans que le
surplus de l'univers en fût affecté ; il continuerait,
comme si de rien n'était, en dehors de notre petit
monde, sa marche normale pouvant durer encore des
milliers et des millions de siècles.

Ce n'est pas tout.

Cette expression « l'Univers » doit se prendre au
sens collectif. Il y a plusieurs univers ; il y en a
même un grand nombre.

Si nous considérons, par une belle nuit, les nom-
breuses étoiles que notre œil, sans secours spécial,
aperçoit au-dessus de notre tête, nous remarquons,
parcourant le firmament, cette traînée blanchâtre
que les anciens avaient poétiquement appelée la *voie
lactée*, supposant qu'elle provenait de quelques gouttes
de lait échappées au sein divin de la reine des dieux.
On sait aujourd'hui que cette lueur provient de my-
riades d'étoiles, trop éloignées pour être perçues dis-
tinctement sur notre rétine, mais que le télescope et
la photographie parviennent à dénombrer. Elle nous
représente la plus grande épaisseur d'une aggloméra-
tion, d'un groupe stellaire dont notre Soleil, et notre
Terre par conséquent, occuperaient une position
voisine du centre. Ce serait là *notre* univers.

Mais dans les interstices, dans les vides laissés
entre elles par ces étoiles innombrables, le télescope
découvre bien d'autres choses encore. Il constate

l'existence, dans les profondeurs de l'infini, de nombreux groupes analogues, apparaissant d'abord comme des taches nébuleuses plus ou moins diffuses. A l'aide d'instruments plus puissants, beaucoup de ces lueurs ont été résolues, comme notre voie lactée, en multitudes d'étoiles ; au moyen du spectroscope, on en a distingué d'autres actuellement irréductibles en étoiles. Elles représentent, à divers degrés de concentration, la matière cosmique, des univers futurs en voie de formation.

D'où il résulte que, tandis que la loi de la conservation de l'énergie et de sa marche vers un état limite, peut en être, pour notre univers galactique, vers le milieu de son évolution, elle ne doit être que dans ses premiers commencements en ces lointains univers en germe.

Tant et si bien que, une fois écoulés les millions ou les milliards de siècles nécessaires pour que notre groupe stellaire soit parvenu à son état d'équilibre final, d'autres univers subsisteraient, les uns approchant de leur terme, d'autres au milieu, d'autres à divers degrés du début de leur évolution ; et ainsi à l'infini, s'il plaisait au Créateur de continuer sans interruption, dans un cycle grandiose et sans fin, son œuvre créatrice, dont les Elus, au sein de la gloire, contempleraient les merveilles sans cesse renaissantes.

Ainsi de nouveaux cieux et des terres nouvelles ; après la fin de notre monde terrestre et temporaire, se succéderaient d'éternité en éternité, *ab æterno in æternum*, pour parler comme Newton.

Ce sont là des hypothèses. Mais ces hypothèses se concilient également avec les données actuelles de la science, comme avec ce que le dogme nous enseigne et ce que permet l'interprétation des saintes Ecritures.

N'est-ce point, par là-même, un hommage que la science humaine rend à la science divine, et doit-on taxer de dangereux ou d'inutiles des rapprochements qui justifient si pleinement cette autre parole du texte sacré :

Cœli enarrant gloriam Dei, et opera manuum ejus annuntiat firmamentum (1).

(1) *Ps.* XVIII, 2.

TABLE DES MATIÈRES

070-99. Imprimerie des Orphelins-Apprentis d'Auteuil, D. Fontaine,
40, rue La Fontaine, Paris.

www.ingramcontent.com/pod-product-compliance
Lightning Source LLC
LaVergne TN
LVHW022116080426
835511LV00007B/858

* 9 7 8 2 0 1 2 6 4 3 0 9 3 *